3歳からは、ほめて、認めて、ちょっと叱る

若松亜紀
Aki Wakamatsu

PHP

装幀　ＰＡＮＴＡＬＯＯＮ
装画・本文イラスト　林ユミ
本文デザイン　朝日メディアインターナショナル株式会社

もくじ

3歳からは、ほめて、認めて、ちょっと叱る

第1章

「いいとこフィルタ」でうまくいく！

第2章

「ほめる」～やる気を引き出すために～

第3章

「認める」～自己肯定感を高めるために～

第4章

「叱る」～心の芯まで届けるために～

第5章

ほめて、認めて、ちょっと叱る

プロローグ

例えばお子さんが水をこぼしたとします。それも一度や二度ではありません。今日だけですでに三度目です。さあ、あなたは何と言いますか。

何人かのお母さんに尋ねると、こんな答えが返ってきました。

「ほら、またやった！」

「だから端っこに置くなって言ったでしょ」

「もう水はなし！」

怖いですね、ホラーですね、おっかない顔がちらつきますね。

え、私ですか？　こうです。

「なんで、こぼすの！」

これをあなたが心の中で言った、１００倍の声で言います。いいえ、怒鳴ります。

すると子どもはどうなるでしょう。はい、あたりです。泣きます。または言いわけします。「だって手がすべったんだも〜ん」

そうしてそのあと「言いわけするな」「だって〜」といった、お決まりの親子ゲンカが始まるのです。

ですがあるとき、見てしまいました。同じ場面でお子さんにこう言っている方を。

いわく、**「どうする?」**。するとそこから、こんなやりとりが始まりました。

「えっとぉ……。かわかす」

「そう。あとは?」

「すう」(そう来たか!)

「そう。あとは?」

「……。ふく!」

そうしてその子はふきんを取ってきて、サッサカ拭いたのです。お母さんはそれを眺めて言いました。

「わあ、きれいになったね」と。

「もお〜! 最後はいっつも、お母さんが拭くハメになるんだから」とぶつくさ文句を言う私とは、大違いです。

どちらも「子どもが水をこぼした」という事実は一緒です。なのに私を含めた一方はバトルになり、もう一方は穏やかに解決していきました。

この違いは何でしょう。

そうです、会話です。前者の私は怒りに任せ、一方的に言葉をぶつけただけ。かたや後者は言葉のキャッチボールをしながら、うまくいく道を探ったのです。

恐るべし、会話のチカラ！

また、こんなこともありました。

まだ小さかった息子のダイが、夫のビールを飲みたがったときのこと。私はあの手この手で説得を試みました。

「にがいよ〜！」

「子どもが飲んだら、大きくなれないよ〜」

「お酒は20歳になってから」

それでもダイは、ほしいほしいとせがみます。

すると夫が言いました。しかも、ほめましたよ、この非常時に。

「おもしろいやつだなぁ。おまえも泡が好きか」

「うん」

「そうか。大きくなったら、一緒に飲もうな」

「うん！　ぼく、おっきくなるっ」

「よし！　男の約束だ」

「やくそくだ！」

「じゃ、乾杯」

そうして父子は「カーン」、ビールと麦茶のグラスを合わせたのでした。

私はその様子を「ほへ〜」と、あっけにとられて眺めていました。

言葉を重ねることで、互いに納得いく形で決着がつくんだ。

やりとりすることで、これほど平和に着地点が見つかるんだ。

そう思い知らされたからです。これまた、会話のチカラです。

ほめて上機嫌にさせるだけでなく、それが次なる意欲につながったら？

怒って終わりではなく、それが成長のきっかけになったら？

そんなことができたら、素敵だと思いませんか。

そんな方法があったら、試してみたいと思いませんか。

それを可能にするのが、どうやら「会話」のようです。

その会話を成立させる「言葉」を操れるのは、だいたい3歳からです。そうして言葉のためどきは、おおよそ10歳までが適齢期と言われます。

3歳からは会話力！

「ほめ」も「叱り」も「認め」も全部、「ただの発声」で終わらせてしまうのはもったいない！　ここは一つ、**子どもを伸ばすチャンス**にしましょう。


ところで、こんなことを言う私は何者かと言いますと。元・幼稚園教諭、現・子育てサロンを運営する若松亜紀と申します。本書に登場する、ノンとダイの母でもあります。私の子育てはそこそこでも、ありがたいことにまわりにはたくさんの「先生」がいました。

教諭時代の園長や仲間、保護者の方々。ママ友だちや夫・両親・義父母に親戚。そしてサロンに来てくれるお母さんたちです。日々その方たちから学び、ノンとダイであれこれ試し、トライ&エラーを繰り返しています。実際に使っているものばかりですから、きっとあなたの子育てにも役立つこと請け合いです。

第1章では、「子どもを見る目」の基本の「き」をお伝えします。そうして第2章で「ほめる」、第3章で「認める」、第4章で「叱る」となります。

この本にあることを実践すると、こんなことが起こります。

・長所がぐんぐん伸びる
・人生が楽しくなる
・自己肯定感が上がる

お子さんだけでなく、やっているあなた自身も、です!

さあ、心の準備はできましたか?

ではキラキラの未来を目指して、ご一緒にページをめくってまいりましょう。

第1章

「いいとこフィルタ」でうまくいく！

心は、そうそう変わらない？

「今日こそ怒らないでいよう」

「今日一日、いいお母さんでいよう」

あなたは、そんな誓いを立てたことはありますか。

そうしてそれで、うまくいった試しはありますか。

「それが、なかなか～」というのが本音ではないでしょうか。私もです。

「たまには、にこにこ笑っていよう」。そう決めた矢先から、とっ散らかったおもちゃが視界に飛び込んできます。丸まった靴下が目につきます。するともうダメ。

「くおら～、さっさと片づけ～い！」。気合いの入った声が、部屋じゅう、家じゅう、とどろきます。

「今日から心を入れ替えるぞ」と熱く燃えても、いざ子どもを目の前にすると5分ともちません。あっけない鎮火です。

そうして私は悟りました。

「心なんて、そうそう変わらないんだ」と。

そう、心なんて容易に変わりません。「今度こそダイエットするぞ」と、どんなにかたく決心しても、考えるのは食べ物のことばかりです。「いけない、いけない」と思えば思うほど、チョコレートが……ポテトチップスが……チーズたっぷりピザが頭を占領します。

ではどうしたら怒りんぼ母さんを卒業し、穏やかな子育てにチェンジできるのでしょうか。それには「心」に代わる、とある鍵がありました。

「心」に代わる鍵、それは「行動」です。

ダイエットだって「今度こそ！」と決心するだけより、「歯みがきのときはつま先立ち」など、やることがあると続けやすいですよね。変えにくい心より、変えやすい行動に注目する。そのほうがよっぽどうまくいきます、ダイエットも子育ても。

では、どう「行動」するかです。

それは例えば、子どもが水をこぼしたときに「こらー！」と反応するのではなく、「どうする？」と聞くことです。プロローグでお話ししたお母さんのように。

うまくいかないやり方を捨て、うまくいくやり方を取り入れることです。

そのためには、あらかじめやっておくことがあります。それは、**知識の「仕込み」**です。**うまくいくやり方を、自分の中に取り込み、ストックする**のです。

望ましい方法を知らなくては、望ましい行動はできません。入れたものだけ表に出せるのです。知識も言葉も現金も。

というわけで、この本ではこんな流れを目指します。

1 仕込んで
2 選んで
3 やってみる

それだけです。
料理だってレシピを知っていれば、いざというときあわてなくてすむでしょう。「今日はグラタンにしようかな。それともドリアかな」と選んで作れます。知らなければぶっつけ本番、再現不能の一発料理です。それもある意味かっこいいですが。

子育ては1の「仕込み」が手薄です。だってお母さんになる前に、子どもと一日遊んだり、言い聞かせることとってありました？

仕込みがないまま、スタートを余儀なくされたのではありませんか？

「体で覚えろー！」と現場に放り出された感じではありませんか？

しかも子育ては最初っから猛ダッシュ。そのうえ行き先不明です。そんなのあまりにも酷でしょう、ママにも赤ちゃんにも。

今までは、仕込みがないからうまくいかなかった、ただそれだけ。せっかく学ぶ気満々のあなたです、ここらでサクッと、うまくいくレシピをためちゃいましょう。

そうして2の「選ぶ」にはちょっぴり時間を要します。立ち止まって考えます。反射的にそれがいいんです！ その「間」が、あなたの頭を冷やしてくれます。

「こらー！」と怒鳴るのを止めてくれます。

最後の3は「やってみる」。本番で使うのはもちろんですが、その前に、「自主練」をオススメします。ひとり言でも、ぬいぐるみやだんなさまを相手にでも。

「お小遣いが足りない？ どうする？」

何度か口にしておけば、いざというときするんと出ます。

なぜ「ほめて、認めて、ちょっと叱る」なのか

あなたのお宅では、「ほめ・認め」と「叱り」はどのくらいの比率ですか。

8：2くらい？　すばらしいです。

2：8くらい？　だいたいどこのご家庭も、こんな感じではないでしょうか。

え、「0：10かも」？　大丈夫、あとは上がるだけです。

では、「ほめ・認め」が多いときと、「叱り」が多いときでは、子どもはどちらが落ち着いていますか。安心した顔をしていますか。

それはもちろん、「ほめ・認め」が多いときですよね。にま〜っとなったり、ドヤ顔してたりします。

「ほめ・認め」は子どもを肯定することです。

「叱り」はその逆、否定することです。

こちらがどんなに「叱るのは愛だ！」と言い張っても、それは大抵一方通行です。
叱られることが多い子は、自分のことを否定的に捉えるようになります。
自分はダメな子なんだ、
価値のない子なんだ、
いらない子なんだ、
だから父さん母さんは、こんなに自分を責めるんだ、と。
そうなると子どもは心にふたをしてしまい、本当に必要なときに「叱り」が入っていきません。
逆に「ほめ・認め」を増やしていけば、子どもは元気になってきます。
自分は大切な子なんだ、
価値ある子なんだ、
みんなに必要とされているんだ、
そう思えるからです。
柔らかくなった心なら、「叱り」もすーっと入っていきます。
だから、「ほめて、認めて、ちょっと叱る」なのです。

「ほめ・認め」：「叱り」の割合は自分で決めてください。人に言われるより、自分で決めたほうがやる気になるでしょ？　掃除も、勉強も、弁当作りも。

「まずは1：9を目指そう」でもいいです。

「5：5までもっていこう」でもいいです。

「私は6：4にする」でもいいです。


では次に、「ほめ・認め」がラクラクできる方法を紹介します。ここが、この本全部を通しての基本の「き」となります。家なら土台、化粧なら下地、ここだけは必ずモノにしてください。

「いいとこフィルタ」でうまくいく！

人には「二つの見る目」があります。

一つは、いいところ（長所、美点、すばらしいいところなど）が見える目。

いいところは「いいとこフィルタ」を通すと見えてきます。


もう一つは、悪いところ（短所、欠点、ダメなところなど）が見える目。

「嫌《や》なとこフィルタ」を通すと、嫌なところが見えてきます。

ここでの「フィルタ」は、カメラのフィルタみたいなものだと思ってください。あなたは普段、どちらのフィルタで見ていますか。

お母さんたちにこの質問をすると、こんな答えが返ってきます。

「ダメな部分にばっかり目がいってしまう」

「他人のいいところは見つけられるのに、自分の子どもは見つからない」

「いいところなんてない！」（断言）

かく言う私もそうでした。例えば子どもとごはんを食べているとき、

「ほら、こぼした」

「ほら、残した」

「ほら、左手どこいった？」

そうやって、直したいところばかりが見えるわ見えるわ。完全に「嫌なとこフィルタ」で見ていました。

なのにそれがまずいことだとは、これっぽっちも思いません。どちらかと言うと正しいことをしているつもりでした。

子どもをしつけているんだ、と。

今のうちに良い行ないを身につけさせるんだ、と。

きれいに言えば「親心」です。

なのにです。それを繰り返すうちに、家の中が息苦しくなってきました。会話がなくなる、空気が悪化する、子どもが自信をなくす。そういったマイナスのことが起き始めたのです。

ちょっと想像してみてください。食事のたびにだんなさまから言われている自分を。

「またこれ?」

「食べるものがない」

「おふくろの料理のほうが、うまい」

いかがですか。ごはん、おいしいですか。会話、続きますか。料理に自信、もてますか。悲しくなりますよね、そんなことばかり言われ続けたら。私なら、「離婚」の2文字が浮かびます。なのに私はずっとそれを、ノンとダイにやっていたのです。自分が言われたら腹立つくせに。

けれど、ご安心ください。

見る目は選べる、変えられるのです!

次のページの絵をご覧ください。

一見するとわかりませんが、右上のメロンにも、左下のウインク君にも、とある文字が隠れています。それをあててください。

さぁ見えましたか。メロンには「幸」という字がかくれんぼ、ウインク君は「笑」の字でできています。あなたも確かに見えましたよね、絵と文字という二つのものに。

もとは変わっていません。

変わったのは、あなたの「見る目」「意識」だけです。

おめでとうございます！

これで証明されました。あなたは同じものが、二つに見える人だと。だからあなたは選べます、「いいとこフィルタ」と「嫌なとこフィルタ」、どちらで見るかを選択できます。さあ、どちらにしますか。

今まで嫌なとこフィルタで見るクセがついていたとしても、ダメなところばかり目がいっていたとしても大丈夫！　未来はあなたの意識次第です。

今すぐ「これからは、いいとこフィルタでいく！」と決めてください。

いいとこ探知機が動き出す！

質問です。

ご自分が妊娠したとき、街でもよく妊婦さんを見かけませんでしたか。

また、子どもを生んでから、同じ年頃の子どもにパッと目がいきませんか。

私もそうでした。妊娠したとき、「世の中には、こんなに妊婦さんがいたのか！」と驚きましたし、ベビーカーを押して歩いていると、どんなに遠くにいても同じような人が視界に飛び込んできました。

これは、どこかで気にしているからです。

だから無意識のうちに、目に耳に入ってきます。

この性質を意識的に使うこともできます。

気にかけておいて、つかまえるという手です。魚群探知機みたいなものです。

目標物を決めておけば、あとは勝手に探してくれます。

実験です。次の質問を読んだら、すぐに目を閉じて答えてください。答えたら目を開けて構いません。

では質問です。

あなたから見える風景に、赤いものはいくつありましたか。


はい、いかがでしょう。実際はいくつありますか。

目を閉じる前も開けたあとも、風景は一緒です。ですが質問の前は、赤いものがあったかどうかさえ定かでなかったはずです。指示があって見たときに、「あ、あそこにも。ここにも」と目に入ったのではないでしょうか。

これが「意識の力」です。これ、お母さんたちにやってもらうと、目を開けたときいっせいに「おお〜!」とどよめきが起きます。

「目が勝手に赤いものを探した」

「おもしろいね、目の前のものは変わってないのに」

「うわっ、マニキュアが赤だった!」と。

「BGMと同じですね」と言った方もいらっしゃいました。

「普段はまったく気にかけていないから、音楽が流れているかどうかも定かでない。だけど実際は流れていて、聞こうと思えば、ちゃんと聞こえるんですよね」

うまいこと言いますね、詩人みたいです。

そうです、ほめも認めも一緒です。目の前にいる子どもはなんにも変わりません。けれど、見ようと思えば、ほめどころも認めどころも見えてきます。探そうと思えば、ちゃんと探せるのです。あなたの目に赤い色が映ったように。

ですから、「いいとこフィルタでいく！」と決めたら、あとは自分に尋ねればいいんです。


「この子のいいところは、どこかな？」と。


さあ、これで準備はOKです。あなたのレーダーは、「いいところ」に照準が合いました。あとは脳みそが即席探知機になって、勝手にいいとこ探しを始めます。

では試しに、あなた自身のいいところを探してください。

・私って結構がんばりやさん！
・毎日ごはんを作っているし！
・いいお母さんになろうとしているし！

・いい子育て本も選べたし（そう思って〜）
・いいぞ、いいぞ、わ、た、し！

ほら、見る目の基本はできました。これ以降は、探しあてたものをどう伝え、やりとりしていくかについてです。

【自主練1】自分のいいところを、三つ言おう

第１章での仕込み

1 「ほめ・認め：叱り」の割合を決める

2 いいとこフィルタで見る

3 「この子のいいところは、どこかな？」

第 2 章

「ほめる」〜やる気を引き出すために〜

「ほめる」はクスリ・すぎればリスク

第2章では「ほめ」にスポットをあてます。

昨今「ほめて育てよう」という考えが主流になっています。

一方で「ほめてばかりじゃ、子どもがつけ上がる」と言う人もいます。

こんな真っ二つの意見が子育てには多すぎ！　そう感じませんか？

抱きグセがつくから抱くなと言ったり、そんなの迷信だと言ったり。

靴下ははかせないほうがいいと言ったり、寒いんだからはかせろと言ったり。

母乳をやると痩せると聞いたのに、食べすぎて太ったり。あ、これは自己責任ですねハイ。

「ほめも叱りも、いったいどっちがいいのよ！」と、お母さんを代表して私が憤慨しましょう。

この章では、「だったら、どうすればいいの？」というあなたの声に、決定版！ほめ方のテクニックを紹介します。

私自身はと言いますと、実はあんまり子どもをほめません。

「ほめ・認め」でいくと、ほめが3で、認めが7といったところでしょうか。

理由その一、ほめていたら、すぐにネタが切れた。

理由その二、**ほめるはクスリ、すぎればリスク**と知った。

それは何かと言いますと……。性格が反対の二つのパターンを、次のページから見てみましょう。

どうもほめーるで〜す
わたくし認めーるです
3:7
だいたいこんな感じでお取り扱い願いま〜す

息子のダイが4歳の頃です。こんなことがありました。

男の子って、なんであんなに高いところが好きなんでしょう。道路では縁石の上を歩きます。木があれば登ります。押し入れの天袋で寝ていたこともあります。このときは家じゅう探しまわりました。


さてそのダイ。あるとき、台所でニンジンを切る私のもとに来て言いました。

「ゴミぶくろ、ちょんだいくださ い」

普段から「ちょうだい」が「ちょんだい」になるダイ。それに重ねて「ください」がつくときは、彼なりに気をつかっている証拠です。私が「ゴミ袋も買う時代かぁ……」とぼやくのを、どこかで聞いていたのでしょう。

「え、ゴミ袋、何するの?」

「いいことするから、ちょんだいくださ い」

「わかった。あとで使うから、やぶかないでね」

そう言って40リットルゴミ袋を渡し、ニンジンの続きをトントントン。するとその横を、何かがサッと横切りました。

ダイです。真剣な目つき、伸ばした両腕、先ほどのゴミ袋をマントにしています。

あまり気にせずトントントントン。すると、またサッと横切ります。

それでもやっぱりトントントントン。今度はこっちに熱視線を送りながらササッ。猛烈アピールで通過します。

「わかった、ハットリくんだ！」

「ちが〜う！　スーパーマンでござるうぅ」

混ざってます。

「そっか、スーパーマンね！　だーから速いんだあ」

間違いをごまかすように大げさに驚いて見せると、あっちにサッ、こっちにサッ、調子づいて部屋じゅう駆け抜けます。

「さあっすが、スーパーマン！」

「ほめる」はクスリ。人をその気にさせる特効薬です。

ところがこのあと、度を越えました。

部屋じゅう走りまわったダイ、しばし姿が見えなくなったかと思うと……。

「とりゃ〜！」、どさっ！　突然、ものすごい奇声&物音がしました。そうして「いたい、いたい」とうめく声が。何があったと思います？

「事実は小説より奇なり」とはよく言ったもの。なんとびっくり！　ダイは3メートル近い梁の上から飛び降りたのです。私がほめすぎたせいで思い込んでしまったのでしょう、「あそこからだってとべる！　だってぼくは、スーパーマンだもん」と。

そうして棚を伝って移動、「とりゃ〜！」と飛んだらしいのです。98㎝のお子ちゃまが、280㎝からです。そりゃあいたいでしょうよ。

豚もおだてりゃ木に登る。
調子に乗る子は梁に乗る。

幸いねんざですみましたが、この一件で痛感しました。

ほめ「すぎ」はリスクだわ〜と。

それでも、こんな天真らんまん・お調子者タイプへのほめすぎは、そんなに気にすることはありません。なぜなら、効きもはやいけど冷めもはやいからです。「よおし、あのくもをつきぬけてやる！」と言ったその口で、3秒後にたい焼き食べてますから。

ほめすぎに注意なのは、素直な子、まじめな子、従順な子です。

こちらのリスクは、思わぬ副作用が出ることがあります。

衝撃！　子どもをつぶすほめ方があるなんて

知り合いにKちゃんという子がいます。引っ越す前のご近所さんで、娘のノンと年が近いためよく一緒に遊んでいました。素直で優しく従順で、ご両親自慢の娘さんでした。

さてそのKちゃん、幼稚園の年中さんからテニスを習い始めました。もともとはお父さんがやっていて、「いつか娘とラリーを」という夢があったそうです。

「コーチにも『筋がいい』ってほめられるの」

テニスクラブに送り迎えするお母さんが、うれしそうに教えてくれました。

そのあとわが家が引っ越したので、しばらく会っていませんでした。ですがある日の夕暮れどき、数年ぶりにお母さんが訪ねてきたのです。それも、突然に。

そこには、肩を落としたお母さんの姿がありました。

心なしか痩せて、髪にはちらほら白いものが混じっています。

思いつめた目からは、今にも涙があふれそう。

「……どうしたの？」

「わぁ、久しぶり！」も「元気だった？」も全部すっとばして、そう聞かずにはいられない悲壮感を漂わせていました。

彼女の口からこぼれ落ちたのは、思いもよらない言葉でした。

「……Kがね、学校に行けてないんだ。それどころか、部屋からも出てこなくなって……。ドアの前にごはんを置いてるんだけど、ぜんぜん手をつけてないの」

「え？　じゃあ、何も食べてないの」

「夜中にお菓子やパンは食べてるみたい……。朝起きると、テーブルの上に空き袋があるから」

あの、にこにこのKちゃんが、

テニスをがんばっていたKちゃんが、

「もっと、うまくなるんだ」と壁打ちしていたKちゃんが……。

いったい何があったのでしょう。

彼女は大きな目から涙をぽろぽろこぼしながら、ぽつりぽつりと話しました。

「あなたも知ってるでしょう？　ほんとは家の中でお絵描きしたり、本を読んでいたい子なの」

そうでした。Kちゃんとノンは同じタイプ。思い出すのは、二人で紙を広げ、黙々とお絵描きしている光景ばかり。そのKちゃんがテニスを始めるのを、うらやましくも、ちょっと意外にも見つめたものです。

お父さんは休みごとに愛娘の練習につき合っていたそうです。

「すごいぞ！　やっぱりおまえはできる子だ！」

「いいぞいいぞ！　その調子だ」

「パパも毎日、壁打ち100回していたぞ。Kもやれる！」

そうやって、ひたむきなKちゃんをほめ、励まし続けたそうです。子煩悩なお父さんじゃないですか。

「いい子でね。パパのことが大好きでね。

『パパと約束したから』って、

『パパを喜ばせるんだ』って、一生懸命練習するのよ。

100回続かないときは泣きながら。

日が沈んでボールが見えなくなっても。
あるときなんか、ラケットのグリップが汚れててね。
どうしたのかと思ったら、血豆がつぶれていたんだよね。
いたいはずなのにあの子、それでも打つのをやめないの。
がんばりすぎちゃったんだろうね。
あのとき、なんで私、『もう、いいよ』って言ってあげられなかったんだろう……」

おどすつもりはありません。が、子どもに関わる仕事をしていると、この手の話はあちこちから聞こえてきます。

「がんばり屋で、何も言わなくても勉強する子だった」
「家にいなさいって言えば、約束を断ってまで家にいる子だった」
「『お母さん、話を聞くよ』って、私のグチまで聞いてくれた」

そんな子が、ある日突然変わってしまったという話です。
ある子のそれは、部屋にこもる、チックやどもりの症状が出るなど内に向かいます。
ある子のそれは、暴力をふるう、家以外に居場所を求めるなど外に向かいます。

内か外か。違いはそれだけ、根っこは同じです。

「うちもそうだった」

「うちは本を投げたりして暴れた」のほか、

「私も中学の頃、部屋にこもりました」と話してくれたお母さんもいます。

そのお母さんも、しっかり者で弟のめんどうをよく見る、自他ともに認める「いい子」だったそうです。

「それがなんだか、あるとき急に疲れてしまって。親や先生の期待に応えることに。そんなつもりはないんだろうけど、常に**大人から『圧』**を感じていました。**逃げ出したくても逃げられなくて、投げ出したくても投げ出せないん**です。

言うことを聞かないと親にきらわれる、

優等生でいないと先生を悲しませる、

そんな強迫観念がいつもあって、ずーっと『できる自分』を演じていました。

好き放題やってる弟が、うらやましかったな」

この**苦しさの原因の一つは、コントロール感の欠如**です。

この子たちは自分の望むシナリオではなく、相手のそれに沿って生きようとします。

なんともいじらしいことですが、それは息苦しいことでもあります。

このような感覚、お母さんであれば、多かれ少なかれ身に覚えがあるのではないでしょうか。

そうです、それは、赤ちゃんが生まれたばかりの頃です。

あの頃、100パーセント赤ちゃんの要求に応えて、昼も夜もなく抱いてあやしましたね。自分のことはあとまわしにして、とにかくこの子を生かさねばと懸命でしたね。睡魔や時間ややりきれなさと闘いながら、毎日をただただ必死に繰り返していましたね。

苦しくありませんでしたか？　おかしくなりそうではありませんでしたか？

どんなにあやしても泣き止まない夜、「もうやだ！」って、布団かぶって泣き叫びました、私は。

あれは、コントロール感がないからです。

それまでは仕事も何も、自分で段取り組んでやれました。休みの日は好きなように過ごせました。それが育児ではそうはいきません。

眠いのに体を起こさなければいけません、大人と話したいのに外に出られません、やることがてんこ盛りなのに、寝入った子どもを腕から降ろせません。ままならないことばっかりです。コントロールできないことが多すぎるのです。だから苦痛だったんです。

けれど、大人であれば見通しが立ちます。「こんなの一時のこと」と腹をくくれます。だからなんとかもちこたえられた。それが、子どもと違うところです。

苦しさのもう一つの原因は、自己肯定感の低さです。

自己肯定感って、聞いたことあります?

「あるけど、うまく説明できない」といった感じでしょうか。私もです。

ある本によりますと、自己肯定感とはこんな感覚だそうです。

・長所も短所もあるけれど、自分ってなかなかいいな
・自分は大切な存在なんだ

・自分には価値がある

そんなふうに思えること。

ほしいですよね、この感覚。そしたら人生、楽しく胸張って生きていけそうです。

ところが残念なことに、この子たちは総じてこの感覚が低いのです。なぜだと思いますか？　それは今まで「そのままでいいよ」というメッセージをもらってこなかったからです。

「もっとがんばれ」「もっとやれる」と言われ続けた子は、それをこう捉えます。

「今のままではいけないんだ」

「今の私じゃ、足りないんだ」

「こんな自分じゃ、愛してもらえないんだ」と。

あなただって、「これ買ってくれなきゃ、お母さん、きらい」と言われたらどうでしょう。「シチュー作ってくれないと、家出する」と言われたらどうでしょう。

「条件つきかい」「お母さんは召使いか」と、言いたくなります。まったくもってすっきりしません。買わなくても、煮物でもなんでも、「お母さん、大好き！」と言われたいです。

それと同じです。

Kちゃんも、「もっともっと」と言われることで、自分を認める力が弱くなってしまったのでしょう。

成績を上げられなくなったら自分は終わりだ、と。

信用も愛情も価値も、全部失ってしまうのだ、と。

壁打ち100回続かないとお父さんにきらわれる、そう思ったのかもしれません。

たかだか、親の望みに合わない、それだけのことなのに。

だれだって**等身大の自分に、「大好きだよ」「そのままでいいよ」と言われたい**です。

何もしなくても、できなくても、自分にOKをもらってきた子は強いです。どんな自分でも絶対的に愛されている、価値がある、受け入れられる。そう確信しているからです。

ほめはクスリ。ですが、すぎればリスクになります。乱用には、ご注意を。

決定版　これぞ伸ばすほめ方だ

ほめると、やる気が出て、その気になって、張り切ります。

ほめすぎると、梁に……いえ、調子に乗ります。子どもによっては期待に応えようとして息苦しくなったり、自己肯定感が低くなったります。

ほめはグッド、すぎはバッド、なのですね。

では、どうほめたらいいのでしょう。その決定版！　を紹介します。

A「できるまでは、ほめ」
B「ほめたら質問」

以上です。

あれ、って感じですか。もっとむずかしく考えていました？

実のところ、ほめはとってもシンプルです。大切なことはいつだって、ものすごくシンプルです。ほら、一時的にティラミスやナタデココがはやったって、結局チーズケーキに戻るでしょ。

「できるまでは、ほめ」「ほめたら質問」。これなら気軽に使えそうな気がしませんか。では、一つずつ説明します。

A 「できるまでは、ほめ」

ほめるとやる気が出るのは、あなたも経験ずみでしょう。

「お母さん、このトン汁おいしい！」とほめられたら、心が弾みますよね。また作ろうと思いますよね。ほめは人を動かす原動力です。

その力を利用して、**ほめは「一つのことができるまで」**と考えましょう。

制服のボタンがかけられるようになるまでは、ほめ。

いつでもかけられるようになったら、ほめ終了です。

では「ほめ」を使ってどのように「できる」まで導くか、その例をあげましょう。

幼稚園の先生をしていた頃です。子どもたちは、個人でなわとびをもっていました。「い〜ち、に〜」と遊んで、終わったら袋にしまいます。

それだけのことです。たったそれだけのことなんですが、この「長いものを小さい袋に入れる」という作業が、子どもにとっては難易度10でした。

これを「嫌《や》なとこフィルタ」で指導すると、墓穴を掘ります。

「なわとびを袋にしまうよ」

「どうするの？」

「まずは袋の口を……」

「こう？」

「ちょっと待ってね、みんなにお話しするから」

「ねぇ、先生ってば、こ〜お!?」

「ちょっとは待てないの!?」

「うわ〜ん」

泣く子続出です。

こんなときこそ、「いいとこフィルタ」が活躍します。

では次のページで、ほめどころを見つけながら「できる」までもっていきますよ。

1
こんなふうに袋にしまうよ!
は〜い!!
2
ア〜ンって開こうね
ア〜〜ン
3
そうそうもてたね♫
こう?
4
こんにちは!
5
半分にできたね
うん!!
エッヘン

こうして何度かやるうちに、子どもは一人でもしまえるようになります。

できるようになるまでは、ほめて励まします。

そうして**いつでも一人でしまえるようになったら、そこでほめは終了**です。

●「できる」に導く5つのポイント

ここでの「ほめ」は、「できる」を促すクスリです。

お気づきですね。ほかにも子どもを「できる」に導くため、いくつかのポイントがあったことに。それを次にまとめておきます。

point

最初に全体を見せる

最初に全体像を見せると、作業のイメージがつかみやすくなります。

料理番組でも「今日はグラタンを作ります」など、はじめに完成品が映し出されますよね。すると、そのあとの作業がスムーズに運びます。ゴールイメージがもてるからです。

「何のために自分は今、小麦粉を炒めているのか？」と思い悩むより、「ホワイトソースを作るからだ！」とわかったほうが、目的をもって臨めます。

それと一緒です。全体を見せてから、細部に入りましょう。

point
段取っておく

これは、手こずりそうなところを予想して、あらかじめ準備しておくことです。先のなわとびの例で言えば、「袋の口を開けておく」です。

失敗から学ぶのも必要ですが、こと「はじめてのこと」に関しては、うまくできるようにしてあげてください。すると苦手意識をもつことなく「な〜んだ、かんたん！」と感じられます。初のコロッケ挑戦で、クリームまみれの手でパン粉を袋から出した私からのお願いです（以降、コロッケは買っています）。

point
常にお手本を示す

何事も、「見る」のが一番です。

盆踊りを「3歩歩きながら、手で輪を作り、下から上に上げて〜」と説明されるより、説明書で「3歩前進、腕で輪を作り下方より上昇させる」とあるのを読むより、「こうです！」と見せてもらえば一発です！

ぜひぜひ、お手本を見せながら進めてください。

point

ベイビーステップを設ける

「ベイビーステップ」ってかわいいネーミングだと思いません？　赤ちゃん好きにとっては、たまらない響きでしょう。

これは、大きな目標を小分けにしたものです。「小目標」とも呼びます。それを段階的にクリアしていくと、大きな目標に到達できます。大きな牛も、小分けにすれば食べられますしね。

point

小さな成功体験を積ませる

このようにして、小さな成功体験をたくさんたくさん積ませてください。

それが子どもの自信になります、「やればできる」「わたしにもやれた」と。

それがいずれ、大きな成功も成し遂げる基盤となります。

【自主練2】おはしのもち方をほめよう

B 「ほめたら質問」

「うまいほめ方がわからない」

「いつもワンパターンになってしまう」

「どうほめたらいいですか?」

お母さんたちからよく聞かれます。そんなときには、胸を張って答えます。

「ほめたら、質問ですよ!」と。

「まあ、すばらしい! そうなんですか」という反応を期待して待つこと数秒。静かな時間が流れます。そうしてだいたい聞き返されます。

「……それって、なんですか?」

この「……」の、なんとむなしいことでしょう。

今日は特別この本を読んでくださるあなただけに、その秘密を大公開します。

「ほめたら質問」とは、ほめたあとに尋ねることです。

「どうやったらできたの?」

「どうしたらうまくいった?」と。

それだけです。かんたんでしょ?

それだけですが、東京ドーム三つ分くらいの大きな大きな効果があります！

ここではそれを「ほめっぱなし」VS「ほめたら質問」の対比で説明しましょう。

キャッチボールを例にします。お父さんが高〜く上げた球を、子どもが見事グローブに収めました。そこでお父さん「ナイスキャッチ！」と声をかけます。

ここです、ここでやめたら「ほめっぱなし」です。

すると、子どもはどう思うでしょう。

・えへ

・まあね！

・ぼくってすごい？

全部あたりです。レベルは人それぞれですが、調子に乗ってハイ終了です。

では、「ほめたら質問」だと、どうなるでしょう。

こちらは「ナイスキャッチ！」のあとに質問が続きます。すると会話が生まれます。

「ナイスキャッチ！　今、どうやったら取れた？」（ほめたら質問）

「えっと〜、上を見た」（自分なりに考えて答える）

「そうだな。それから？」（ほかの考えも引き出す）

「カラスがいた」（どうでもいいことも言う）

「……そうか。それから？」（耐えろ、父さん）

「たまをよく見た」（次第に核心に迫る）

「よく見たんだな。そのとき、体はどうした？」（ヒントを与える）

「あ、動いた」（じわじわ近づく）

「どこに？」（いいぞ、父さん）

「たまの下に走ったんだ。だからとれたんだ！」（成功ポイント、ゲーッツ！）

「ほめたら質問」では、会話から成功ポイントを引き出せます。

だから子どもはうれしくなって「よしもう一回！」と意欲がわきます。成功ポイントがわかっての再チャレンジなので、うまくいく確率がぐんと増します。

「またうまくいった！」→「うれしい！」→「またやろう」、こんな好循環がまわり始めます。

「ほめっぱなし」では会話は生まれず、子どもの意識は「またほめられたい」へ向かいます。

「ほめたら質問」では会話が生まれ、子どもの意識は「成功ポイント」に向かいます。

ね、いいでしょう？ 「ほめたら質問」

人からの要求でがんばるのではなく、自分から「やりたい！」になるのがこの良さです。**ここが「ほめすぎ」との違い**です。

小さいうちや経験が浅いうちは、うまく言葉にできないこともあります。そんなときは教えて構いません、「今、たまの下に走ったから取れたんだよ」と。

そうして次第に大きくなったら、ぜひ質問を加えてください。いつもいつもだと日が暮れるので、ほどほどで結構です。人は、自分で気づくとやる気が加速しますから。

「ほめたら質問」には、ほかにもこんな効果があります。

効果 自立を生む

幼児教育の世界では「依存を生むほめ・自立を生むほめ」という言葉があります。依存を生むほめとは「ほめっぱなし」のこと。これだと子どもは「もっとほめて」状態＝ほめに依存するようになります。

自立を生むほめとは、子どもが独り立ちできるようサポートすることです。できることを増やす手段として「ほめ」を用います。「ほめたら質問」が、**子どもの自立を促します。**

効果 内部対話に役立つ

日常会話は、そのまま内部対話になります。これ、ものすごく重要です。

内部対話とは、一人で自問自答することです。あなたもやりませんか、頭の中で。「今日何を食べようかしら。お肉かしら。それともお魚にしようかしら」と。それです。

「どうしたらうまくいった?」と言われて育った子どもは、内部対話でも同じように自分に問いかけます。ホットケーキがうまく裏返せたときも、難問がとけたときも。「あれ。私今、どうしたらうまくいったんだっけ?」と。

そうして自分で成功ポイントを導き出し、ぐんぐん未来を切り開いていきますよ!

では、ご一緒に練習です。ここでは「ほめたら質問」をしましょう。

流れは次の通りです。

1　いいとこフィルタで見る
2　ほめどころを伝える
3　質問する

Q　ピアノで苦手なところが弾けた子に、何と言いますか?

1 いいとこフィルタで見る

いいところを見つけます。するとつっかえたところではなく「弾けたところ」に注目しますよね。これで第一段階クリアです。

2 ほめどころを伝える

どんな言葉を選びましょう？

「うまい！」「立派！」「弾けたね！」と、いろいろ浮かんできます。上から目線を感じるからでしょう、「評価されるのがきらい」と言う人は多いです。

人は**「評価より事実」が受け入れやすい**ようです。というわけで、ここでは「うまい」「立派」という「評価」ではなく、「弾けたね！」という「事実」に軍配を上げます。

3 質問する

「どうしたら弾けたの？」「どんな練習をしたの？」などでしょうか。

答え例

「弾けたね！　どんな練習をしたの？」

あとは、キャッチボールの要領で成功ポイントを聞き出してください。

Q 体調不良のあなたにおにぎりを作ってくれた子に、何と言いますか？

1 いいとこフィルタで見る

形、香り、ツヤ、おにぎりはいいとこ目白押しです。そこに注目するのもいいですし、何より作ってくれたその心づかいに打たれます。ここではそこを取り上げますか。

2 ほめどころを伝える

どう伝えます？　あなたの素直な気持ち、そのまんまでいいですよ。

「うれしい！」。はい、それでOKです。

相手がどう思っているのか。優しい子ほど、そこを知りたがっています。

あなたも知りたいのは「相手の思い」ではありませんか？　新しいレストランにいったママ友から聞きたいのは、何が出たかではなく、おいしかったかどうかという その人の感想＝思いではないでしょうか。

自分の思いを言葉にしましょう。

「うれしい」「ありがとう」「助かるな」などはオールマイティです。ほめ言葉に迷ったら、これを使えばまず間違いありません。

3 質問する「これ、一人で作ったの？」「どうやって作ったの？」、一口食べて「おいしい！　どうしたらこんなふうにできるか教えて」もありでしょう。

答え例「うれしい！　どうやって作ったの？」

これ、実話です。二人目を妊娠して、つわりで横になっているときでした。ここだけの話ですが、私ね、連日の吐き気でしんどくて、ノンを邪険にしたことがあったんです。「一人で遊んでよ！」とか。なのに、そんな鬼母のためにちっちゃい手で握ってくれたみたいで。自分で「ほめたら質問」と言っておきながら、このときは「うれしい」のあとは言葉になりませんでした。

【自主練3】「ほめっぱなし」と「ほめたら質問」、それぞれ試して味わおう

第2章での仕込み

1 ほめるはクスリ

2 すぎればリスク

3 できるまではほめ

4 ほめたら質問

5 聞いて成功ポイントを導き出す

6 「うれしい」「ありがとう」「助かるな」を毎度!

第3章

「認める」〜自己肯定感を高めるために〜

レッツ！　お認めパラダイス！

さあ次は第3章、「認める」の出番です。

私自身は、「ほめ」より「叱り」より、この「認める」を心がけています。

なぜって？　それは、いいこと盛りだくさんだからです。

眠りにつく前の恒例行事、「今日のいいとこ探し」は「認める」のオンパレードです。

「今日はノンが、お花にお水をあげてくれた」

「ダイが四葉のクローバーを見つけた」

「みんな元気に生きてるぞ！」

するとノンとダイも始めます。

「カレーだった」（給食のカレーを承認）

「プリンだった」（母は話題にのぼらない）

「5個食べた」

腹痛《はらいた》の原因も判明します。

「認め」はさほど、直接の会話につながらないかもしれません。ですが地固めとでも言いますか、地ならしとでも言いますか、話しやすい土壌を作るにはうってつけ。

直火のような「あちっ！」という熱さはないけれど、遠赤外線のようにじんわりと効く～。そんな感じです。

ほかにも「認める」には、オマケがわんさかついてきます。

この章ではその効果と、そのまま使える大ワザ・小ワザをお伝えします。

「それでも会話が生まれない」方のためには、奥の手の「聞き方」も紹介します。

「認める」ってホントのところ、なんなの？

「子どもを認めましょう。それが大事です」

あなたもどこかで、そんなフレーズを聞いたことがあるでしょう。

私もあります。「ふ〜ん、そうなんだ」と思いながらも、実のところイマイチよくわかりませんでした。辞書を引くと、「認める」とは「目にとめる。存在を知覚する。気づく」とあります。

わかりませんん、ますますわかりません。実際何をすればいいのか、何にどう大事なのか。考えれば考えるほど、頭の中はハテナでいっぱいです。

そのナゾは、母がといてくれることとなります。


新米ママの頃、よく実家の母にダダコネ電話を入れていました。「もう嫌だ〜。子宮に戻す〜」。すると5回に1回くらい手伝いに来てくれるのが常でした。

母は泣き言を並べる娘をかかかと笑い飛ばしてから、菩薩《ぼさつ》さまのような顔で、ゆっくりゆっくり言いました。私はそれを今も、いえ、きっと生涯忘れません。

「ノンに、話しかけてるかい？

なんにもわからないようでもな、赤ちゃんはわかってるんだよ。

自分が大切にされているかどうか、ちゃーんと、わかってるんだよ」と。

やっぱりよくのみ込めません。そんなこと言ったって、物言わぬ赤ん坊に何を話せばいいのよ。ぬかに釘《くぎ》、のれんに腕押しですよ〜。

すると母自ら話しかけ始めました。

「ほおら、いいおなかだね。ぽんぽこ音がする」

「何見てる？　おばあちゃんの目かい、鼻かい」

「おや、おむつが濡れたかな。取り替えようね」

そして交換が終わると「気持ちいいねえ」と。

それをぼんやり眺めながら、感じたものがあります。

事務仕事を処理するように、淡々とおむつ替えする私とは違うな、
こんなふうにしてもらったら確かに、大切にされている実感がわくだろうな、
そうして私もこうやって、母に育ててもらったんだな、と。

そしたらなんだか胸がいっぱいになって、自分のふがいなさと母の大きさに涙があふれて、窓を閉めてわんわん泣きました。

この一件で「認める」が一気にクリアになりました。

・相手に関心をよせること

・想像、共感すること

・それを言葉で、態度で、まなざしであらわすこと

すると子どもは、自分が大切にされているとわかるようです。

あなたもそうしてもらったら「大切にされてるな」と感じられるはずです。例えば誕生日。だんなさまに言われたらどうでしょう。

「おめでとう。これ、前によく飲んでたよね」

そうやって、好きなワインか何かを手渡されたら？　だんなさまのポイント、大幅アープ！　ではありませんか。

「え、うれしい！」

「よかった、喜んでくれて」なんてあなた、ドラマのワンシーンみたいじゃないですか。いや〜今、はるか遠くに消えつつある記憶をたどりながら書きましたよ。

だんなさまは、あなたに関心をもっているから誕生日を覚えていてくれました。

「何をすれば感激してくれるかな」と想像しました。

あなたの喜びに共感してくれました。

そしてそれらを伝えてくれました。パーフェクトです。

相手に関心をもち、想像する、共感する。

そうしてそれを、**言葉で、態度で、まなざしであらわす。**

それが、「認める」です。

実はこの「想像」と「共感」、あなたはもうできています。

子どもに服を着せるにしても「暑いかな？　寒いかな？」と気にかけるでしょう？

「こうしたら、ニンジンも食べるかも」とあれこれ工夫するでしょう？

あなたは常にそうやって、想像力を働かせています。

それからおしゃべりしていると「女性は共感力が高い！」としみじみ感じます。

「雨で一日じゅう外に出られなくって〜」

「そうそうそう！　もてあますよね〜！」

共感の嵐です。

夫とではこうはいきません。

「雨で一日じゅう外に出られなくって〜」

「家で楽しめば？」

ばっさりです。

映画の自主上映会スタッフをしたときも、女性の共感力の高さを痛感しました。

「うまれる」というドキュメンタリー映画です。会場は、ありがたいことに大入り満員。ゆうに200人は超えていたでしょうか。映画が始まると、スタッフは後ろでその様子を見守ります。そこで、おもしろい光景が見られました。

映画の中に出産シーンがありました。陣痛がピークに達し、産婦さんが「うあー！」「いたい、いたい、いたい！」と悲鳴をあげます。すると後ろに並んだ女性スタッフが、いっせいにグーを握りました。

次に産婦さんがタオルをかんで、「う〜！　う〜！」と声にならない声をあげます。それを観《み》た女性スタッフが、いっせいに歯をくいしばりました。首に筋が走っている人もいます。

そうしてとうとう出産シーン。頭が出ました。もう少しです。「がんばれ、がんばれ！」、だれもが心の中で応援します。映画の中で助産師さんが声をかけます。

「はい、あとは力を抜いて息をして〜」

「ふぁ〜、ふぁ〜」。観ている方も口が一緒に「ふぁ〜、ふぁ〜」。

そうして、ついに、ついに生まれました！

その瞬間、こっちも緊張の糸が切れました。どどー。感動の涙が頬を伝います。

そしていっせいに体が横に倒れました。床に置いたかばんからハンカチを取り出すためです。その「いっせい」がまた、スタッフだけではありません。会場いっせい横倒れです。それがほぼ全員、女性だったからおもしろい！

その光景に、「やっぱり女性は共感力に長《た》けている！」そう確信せずにはいられませんでした。


ね、あなたも想像力・共感力ありそうでしょ？

あとはそれを、言葉に、態度に、まなざしにするだけです。

しびれるほどの認め効果

女性は認めの素質じゅうぶん！　それがわかりました。

では「認める」には、どんな効果があるのでしょう。

効果　愛されている実感がわく

「子どもを愛している」。それはだれもが思っているはずです。ですがそれ、子どもに伝わっていますか？　胸張って「伝わってます」と言えますか？　私はどうかな。

大切なことは「あなたが愛しているかどうか」ではありません。

「子どもが愛されていると実感できるかどうか」です。

言葉をかけてもらうことで子どもは、「気にかけてもらっているんだ」と感じます。

効果　自信がもてる

気の小さい子ほど迷いながら生きています。「これでいいのかな？」「怒られないかな？」と。「それでいいよ」と認められることで、安らぎと自信が同時に得られます。

効果　生きるのが楽しい！

認められると挑戦意欲がわきます。チャレンジした分、成功体験も増えます。やりたいことをどんどんやって、迷いのない、楽しい毎日を送っていけます。

効果　自分を好きになれる

愛される自分、意欲的な自分、人生を楽しむ自分を、「いいな」と好きになれます。

効果　自分を大切にできる

認め言葉「大好きだよ」「大切だよ」などをシャワーみたいに浴びた子どもは、自分の身体を、気持ちを、命を大切にします。

効果　人も大切にできる

大切にされた子どもは、いずれ他人や友だちも大切にします。「この子も、自分と同じく大事な人なんだ」と理解できるからです。自分が先で、人があとです。「友だちを大切にしなさい」と言う前に、自分が大切にされる経験を、たくさんたくさんさせてください。

認めの効用って、ものすごく多いでしょ。しびれちゃうでしょ。まだまだ書き足りないくらいです。

ところで私が考える、子育ての最重要ミッションがあります。

それは、**「自己肯定感を高めること」**。これです。これにつきます。

自己肯定感を引き上げるには、認めがもってこいです。「認める」とは、言葉を変えると「肯定する」「OKを出す」ことです。自己を肯定するから自己肯定感が上がる、それだけのことです。わかりやすいでしょ？

ほめがすぐ効くクスリなら、認めは漢方薬です。じっくり・じわじわ、でも確実に自己肯定感を底上げしてくれます。

自分を肯定できた人は強いです。

だれに何を言われてもぶれません。「そんな考え方もあるよね」と気にせず歩いていけます。

信念をもって人生を切り開きます。「これが私だから」とゆるぎない自信があるからです。

短所なんて気にしません。「それも私のほんの一部。それが何か？」みたいな。

そんな人、そんな生き方に憧れませんか。私自身ずっとそこが低かったせいか、なおさら求めるのかもしれません。


先日、「この人、ものすごく自己肯定感が高い！」と思える女性に出会いました。

先の「うまれる」自主上映会を秋田で主催したNさんです。

彼女は顔に、口唇口蓋裂という先天性異常をもって生まれました。

幼い頃から、何度もつらい治療を受けてきたこと。

転校する先々でいじめにあったこと。

そのあと、コンプレックスを克服するメイクアップを体験し人生が変わったこと。

そんなことを聞きました。

あなただったらどうですか。自分の顔に障害や傷があったらどうですか。そんな自分を「私は私だから」と受け入れられますか。

私ならへこたれます、きっと。どうしようって。なんで私ばっかりって。こんなふうに生んだ親を恨むかもしれません。死にたいとさえ思うかもしれません。

けれど彼女は違いました。

「治療はつらかった。

けど親は、私が障害をもって生んだことを悩まないでほしい。

親だからって、なんでも抱え込まなくていい。

だって、私は私。このままで完璧に、私だから」

きっぱりサッパリ、言い切りました。

Nさんは今、故郷を飛び出しています。東京で、自分を変えてくれたメイクアップの仕事をするためです。受かるかどうかわからない社員募集に名乗りをあげて、自分の手で未来をつかみとったのです。今まさにすべてを受け入れ、同じように悩む人を助けています。


ね、自分を肯定できる人は強いと思いませんか？　いさぎいいと思いませんか？

かっこいいなあ。かなわないなあ。彼女を見ていて、心の底からそう感じます。

人は、認められて強くなります。
あなたの言葉で、強くなれます。

オープン　ザ　ボディ！　オープン　ザ　フェイス！

ここまでで、「認める」にはしびれるほどの効果があるとわかっていただけましたか。「愛されている実感がわく」でしょう、「自分は価値があるとわかる」でしょう、「自己肯定感が上がる」でしょう……。

ではいよいよ、「認める」の具体的な大ワザ・小ワザを紹介します。

あなたなら、「もうできてるわ」というものもあるでしょう。

「えっ、こんなことでいいの？」という、ささいなものもあるでしょう。

できることから、できそうなものからチョイスし、お試しください。

それではまたもや、一瞬でできる行動面から変えていきましょう。

まずは「言葉で、態度で、まなざしで」の「態度」と「まなざし」からです。

態度とまなざし、どちらも**「オープン！」**が**GOOD**です。

まずは態度。

次のイラストを見てください。

あなただったら、どちらに親しみを感じますか。
受け入れられていると感じますか。
そう、下のオープンな態度ですよね。

あなたの感覚は正しいです。自分を信じてください。座った場合も見てみましょう。

やはりオープンな座り方に安心を覚えるでしょう。人は閉じたもの、硬さのあるものに対して身構えます。目の前でがっちりファイ

ティングポーズをとられたら怖いですしね、たぶん。中でも腕組みは自分をガードする形、守る形の代表選手です。これは無意識にでも、相手を拒絶していると出るものだと言われます。そこから伝わるのは「これ以上近づかないで」「そばに来ないで」というメッセージです。だから腕組みしている人には、近寄りがたいんですね。

反対に、人は開いたもの、柔らかいものに安心します。

足を開き、手も開き、ついでに指も開いてください。

こちらは受け入れ体勢です。体全体で「おいで」「抱っこするよ」と言っているようです。

この二つの体勢、鏡の前でやってみてください。「ただいま!」と帰ったとき、お母さんがクローズとオープン、どちらで立っていてほしいでしょう。

それはもちろん、オープンですよね。

こんなふうに待っていてもらえるなら、走ってでも帰りたくなるでしょう。

では、クローズで立っていたら？　開けた戸をまた閉めたくなります。ぴしゃっ。

次に、まなざし。ここでは表情全体を取り上げます。
こちらも比べてみましょう。

どちらの顔が安らぎますか。

受け入れてもらってるな、と感じますか。


これももちろん、下のオープンな顔でしょう。

オープンっていいものですね、顔も態度も、お菓子屋さんも。

このまま子どもと目を合わせます。いくらオープンな表情でも、あっち向いてたら「おーい、大丈夫かー」って感じです。アイコンタクトをとることで、より認められ感がアップします。


さあこれで、子どもを認める態度ができました。まなざしもわかりました。

これをあなたの、体に顔に形状記憶！　スタンダードにしちゃってください。

【自主練4】鏡の前で、オープンとクローズをしよう

「言葉で認める」大ワザ・小ワザ

ではいよいよ、「言葉で認める」に移ります。
ここでも基本の子どもを見る目、「いいとこフィルタ」を忘れずに。

1 「いいとこフィルタ」でよく見て
2 想像・共感し
3 伝える

できそうでしょ？ 考えるより行動、行動！ ではご一緒にまいりましょう！

小ワザ1 「お名前プラス」

「お名前プラス」はその名の通り、子どもの名前を呼ぶことです。「ちいちゃん」「ゆうき君」など。それだけです。それだけですがこれ、「認められ感」抜群です。

あなただったら次のうち、どちらにグッときますか？

「おはようございます」

「おはようございます、○○さん」

自分の名前を呼ばれると、急激に親しみを感じませんか。ほっこりしませんか。名前を覚えてくれるのは、あなたに関心があるからです。関心がなければ覚えないでしょうし、たとえ覚えていたとしても素通りされるかもしれません。

人が一生のうちで、一番耳にする言葉は何でしょう。

「こんにちは」でしょうか。

「またね」でしょうか。

一番耳にする言葉。それは、自分の名前です。あなたもお子さんの名前が決まったその日から、何度も何度も呼びかけたでしょう？　同じくあなたもそうやって、親御さんから呼びかけられたんですよ。だから名前は特別心地よくて、特別深い思い入れがあって、特別心にしみるものなんです。

サロンに来るお母さんで、「託児をお願いするなら、あのグループ！」と決めている方がいます。決め手はなんだと思いますか？　それは、名前呼びでした。

「一回お願いしただけで、ちゃんと名前を覚えていてくれたんです。そのあとイベントなんかで会っても、名前で呼んでくれるんですよ。子どもの名前はもちろんだけど、私の名前も。しかも、下の名前ですよ」

そのお母さん、「ワンダフル～」といった感じで教えてくれました。

名前って、だれにとっても・いくつになっても、スペシャルなんですね。

「認める」の一番かんたん！　確実！　はこの、「お名前プラス」です。

子どもに話しかけるとき、「お名前プラス」を試してください。

「あやちゃん、おはよう」

「りょうま君、おかえり」

「たけちゃん、おやすみ」

これだけで、より認められ感が高まります。

【自主練5】お名前プラスで話しかけよう

小ワザ2 「そのまま使える認めの言葉」

続きましては「そのまま使える認めの言葉」を三つ紹介します。

A「見てるよ」
B「できたね」
C「やってるね」

これだけです。「なんだそれ?」って感じじゃありません? ですが子どもは、この言葉を待っています。

A「見てるよ」

先にも書いたように、私はあまり子どもをほめません。ほめていたら、すぐにネタ切れしたからです。

それなら代わりになんて言おう。子どもが喜ぶことってなんだろう。そう思ってよくよく子どもを観察すると……。とある大発見をしたのです。それは「子どもが、日に何度も繰り返す言葉がある！」ということです。

なんだと思います？　あなたも、子どもが何かをするとき、「またかい！」と思うほど言われています。

それは「見ててね」です。「見て〜」や「見て見て！」も含まれます。片足立ちするとき、折り紙するとき、小川をジャンプで越えようとするときなどなど、頻繁に言われるでしょう。あんまり言われるものだから、一度なんか紙に目ん玉を描いて渡したことがあります。「これでいつでも見てるから」と。かなり不服そうでした。

「ほめて」じゃないんです、「見てて」なんですよ。それで確信しました。

子どもはほめられたいのではない、見ていてほしいんだ、と。

欲しているのはほめ言葉ではなく、見ていてもらえる実感なんだ、と。

だから、「見てるよ」がいいのです。

「すごいね」ではなく「上手だね」でもなく、「見てるよ」。これがドンピシャです。

【自主練6】「見てるよ」と言おう

B「できたね」

「見ててね」に「見てるよ」と応えました。ではそのあとはどうしましょう。

苦労したけど、逆上がりができました。

一口だけど、苦手な野菜を食べました。

そこでどう言うかです。

答えは、「できたね」です。できたのですから、「できたね」です。これまた、ベリーシンプルです。アレンジするなら、「逆上がりできたね」「野菜食べたね」といった感じです。

あたり前ですよねぇ、こんなこと。ならばなぜわざわざ書くかというと、的外れなことを言ったりするからです。「嫌《や》なとこフィルタ」で見ると、せっかくがんばった子どもに、こんなことを言いそうになります。

「もっとスピードつけて、くるっとまわらなきゃ〜」

「たった一口?」

これでは、子どもが浮かばれません。

また、できたことには目もくれず、突拍子もないことが口をついたりもします。

「お母さん、さかあがりするから見てー」

「見てるよ」

「よいしょ、よいしょ……えい！」（成功成功、大成功！）

「……スカートで鉄棒はやめたほうがいいわね」

がっくし。

「ぼくアスパラたべるよ、見ててね」

「見てるよ」

「パク！」（やりましたー！　頭の中でくす玉が割れましたー！）

「あら、こっちのピーマンは？」

がっくし！

その気持ちもわかります。私も言っちゃいます。が、何はともあれ認めましょう。できないことには目をつむり、まずはできたことを承認してください。

「できないことより、できたこと」。ゆっくりでも逆上がりができた、少しだけどアスパラが食べられた、その事実をその瞬間に子どもと分かち合ってください。

だってその場に立ち会えるのは、宇宙広しといえどもあなただけなんですから！

むずかしく考えていたら、その一瞬を逃します。できたんだから「できたね」でじゅうぶん。言いたいことやアドバイスがあれば、そのあとで。それが子どもを満足させます。

【自主練7】できた瞬間「できたね」と言おう

C「やってるね」

次は、「やってるね」です。

これは、できて当然になったことを「している最中に」かける言葉です。なわとびが袋にしまえるようになった、制服のボタンがかけられるようになった、一人で時間割がそろえられるようになった、などなど。

第2章では、できるまで限定で、「やったね、どうしたらできたの?」と声をかけました。そのあとです。それが**すっかりできるようになったら、今度は「認め」に切り替え**ます。

いわく「やってるね」です（できたときに「できたね」でもGOOD）。

「なわとびしまってるね」

「ボタンかけてるね」

「時間割、そろえてるね」

そんなふうに、やっているときに声をかけます。

これもまた、子どもにとって「見てもらっている」という確信になります。

また、宿題をしている、手伝っている、片づけている、こんな「あたり前」にも使ってください。**あたり前は立派です！　あなたが子育てしているように。**

ここでもやはり、**「やらないことより、やったこと」**です。

上着が放り出されていても、宿題してたらまずそちら。「宿題してるね」と。かるたが散らかっていても、絵本をしまっていたらまずそちら。「絵本しまってるね」と声をかけます。毎度毎度じゃなくて結構です。3回に1回、5回に1回くらいは、やっている最中に声をかけましょう。

【自主練8】歯みがきしている最中に「やってるね」と言おう

以上、そのまま使える認めの言葉「見てるよ」「できたね」「やってるね」でした。

単品使いでもセットでも、お好みに合わせてお使いください。

大ワザ「ちょっと高度な認めの言葉」

続きまして、ちょっと高度な認めの言葉です。

記憶力を要するという点で難易度が高いものもありますが、昨日の夕飯を覚えておける方にはわけないでしょう。

ここでも三つ、紹介します。

A「見たまんま」
B「前と比べる」
C「Do より Be」

では順番に。

A「見たまんま」

こちらはいたって単純です。

「いいとこフィルタ」で見たら、見えたそのまま、感じたそのままを口にするだけです。

「顔色がいいね」

「汗かいてるね」

「楽しそうだね」

もっと言うと、「今日の服、青だね」とか「赤だね」でもいいです。ほんと、「見たまんま」でしょ？

これも「見てるよ」メッセージになります。

あなたもだれかに「髪切ったね」とか「新しい服だね」と言われると気持ちが上がりませんか。似合う、似合わないは別として。それは、関心をよせてくれたうれしさです。子どもも一緒、「見たまんま」でいいので、どんどん声をかけましょう。

プラスアルファを望むなら、「想像・共感」を加えること。すると話が弾みます。

「顔色がいいね。夕べはぐっすり眠れたのかな」

「汗かいてるね。外、暑かったでしょう」

「楽しそうだね。なんかいいことあった?」

こうして話をふると、物静かなノンも「あのね、学校で、ドッジボールして〜」と話し始めます。ダイならこれだけで、べらべらべらべら30分はいけちゃいます。

「見たまんま」＋「想像・共感」。この認めが、相手の口をなめらかにします。

【自主練9】子どもの服の色柄を話題にしよう

B「前と比べる」

ちょっぴり記憶力を要するのはこちらです。

あなたは、こんな比較をすることがありませんか?

「ほら、お隣のしょうちゃんは、もう25メートル泳げるんだって」

「お母さんがあなたくらいのときは、夜も一人でトイレに行けたわよ」

「兄さんに比べて、あんたの机の上は……」

だから、あなたもできるはず。

だから、あなたもがんばって。

言う側はそう願い、励ましているつもりのこの言葉。ですが、受け取る側は違います、そんなふうには聞こえません。ではどう聞こえるか？

「あんたはダメねえ〜」です。だから言われた側は「どうせ」とすねます。

私だって、チラ見されながらこんなふうに言われたら嫌な気分になります。

「ねねちゃんのお母さんは、若くてきれいでうらやましい」

「悪かったわね、若くなくてきたなくて」と思います。

ですがこの比較、うまく使うと最高の認め言葉になります。

それは**「人と比べず、前の本人と比べる」**です。こんな感じです。

×「ほら、お隣のしょうちゃんは、もう25メートル泳げるんだって」

◯「先週より、30センチ長く泳げてるよ」

×「お母さんがあなたくらいのときは、夜も一人でトイレに行けたわよ」

◯「夜もおしっこに気づけるようになったね」

×「兄さんに比べて、あんたの机の上は……」
○「前より机に隙間があるね」

そうやって、「本人の」前と今を「いいとこフィルタ」で比べてください。

つまりは、前と比べて良くなった点・成長した点を伝えるということです。

すると、自分の伸び率がわかります。

ゴールが100として、今どのあたりまで来ているのかな、と見当がつきます。

このやり方で続ければ、もっと良くなるんだ！　と、希望の光が見えます。

これもあなたの「認め言葉」にストックしておいてください。

「比べるなら、前と比べるといいんだよ」とノンに話すと、夕飯どきに早速実践。

「お母さん、たべるりょう、人なみになったね」

「え、前は？」

「カバなみ！」

【自主練10】去年より良くなったことを見つけよう

C 「Do より Be」

「Do より Be」、直訳すると、「する より いる」でしょうか。

「行ない より 存在」と言ったほうがわかりやすいかもしれません。

これは、**何かしたとか・しないとかに関係なく、「存在」そのものを認めること。**

生まれて来てくれたこと、
生きていてくれること、
日常の生活であれば、ただそこにいること。

それ自体を認め、感謝する感覚です。

「存在承認」、これが認めの最高峰、これができれば認めの師範免許皆伝です。

なのにです、これがなかなかむずかしい。

子どもを育てていると、いろんな欲望が頭をよぎりませんか。

スポーツも勉強もそこそこできてほしいな、パンツは裏返さずにはいてほしいな、「7×3」と「4×3」で毎回引っかからないでほしいな、とりあえず目の前のごはんをさっさと食べて、早く学校行っとくれ〜。願望はとどまるところを知りません。

生まれるときは、「健康ならば、あとは何も望みません！」なんて思ったのにね。

けれど自分も、条件づけられるのはゴメンだったはずです。「シチュー作ってくれなきゃ、家出する」と言われると、「こいつめ〜」となったはずです。それと一緒、パンツが裏返っていてもダイはダイだし、かけ算で引っかかってもノンはノンなんですよね。

Ｄｏ　より　Ｂｅ
する　より　いる
行ない　より　存在

それは、**条件なしの愛**です。

「あなたがいてくれてよかった」「大好きだよ」「生まれてくれてありがとね！」。そんな、存在自体への承認です。

どんな自分でも愛してもらえる。

どんな自分でも許してもらえる。

それがわかれば、人は強くなれます。自分を出せます。気持ちが安らぎます。

あなたから向けられる「肯定の目」が、「自分を肯定する目」にそのまま移行します。どうかどうか**子どもの存在そのものを、肯定の目で見て**ください。

それから、知ってました？

「おはよう」

「起きたね」

「おかえりなさい」

これだって、「あなたの存在に気づいているよ」という、れっきとした認めの言葉なんですよ。ね、もう言っていることばかりでしょう？

あなたのその語りかけが、子どもの心を身体を肯定感を、大きく大きく育てていきます。これまでも、これからも、この先も、ずっと……。

【自主練11】「おはよう」と言おう

聞き方をこうすると、どうして5分で満足するのか？

ここまで「言葉で認める」練習をしてきました。あなたが認めるたびに、子どもの自己肯定感はカチャッと上がります。一つやれば、一つ上がります。二つやれば、二つ上がります。

「数取器（かずとりき＝カウンター）」をご存じですか？　交通量調査でカチャカチャと通行人を数えるあれです。

あなたがほめるたび、認めるたびに、そのボタンが押されるものと思ってください。子どもの自己肯定感がカチャッカチャッと加算されるところを想像してください。実際購入して、グラフにするのもおもしろそうです。

「認め」が重なれば、自己肯定感とともに安心空気も高まります。そんな家であれば、自然発生的に会話も多くなってきます。

「それでも」と言う人がいます。

「それでも？」

「はい、会話が大事というのはわかります。よーくわかります。それでも子どもが話してこないんです。そしたら、どうしようもないじゃないですか」

もしもあなたがこの先に、同じように感じることがあったら、自分にこう問いかけてください。「私は、**話したいと思われる親でいるだろうか？**」

いかがでしょう、あなたは話したいと思われる親でいるでしょうか。

人に言っておきながらなんですが、私自身は「なっとらん！」のレベルでした。「言葉で態度でまなざしで」で言えば、まず「態度とまなざし」がなっていませんでした。料理中に話しかけられても大根から目を離さず、ぷんぷん怒らせたりしていましたから。

そんなことをされたら、私だって怒るでしょう。子どもの送り迎えについて相談している夫が、目はテレビ、手はリモコンで、返事がナマだったら。

聞いているかどうかなんて関係ないんですよね。

話す側が「聞いてもらっていると感じられるかどうか」です。ここ、重要です。

【自主練12】目を見て「うんうん」

言葉もやっぱり落第でした。

最後まで聞きませんでした。

否定ばっかりしていました。

途中で口を挟んでいました。


「お母さん、ほら、おほしさまが出てるよ」

「そんなことより、宿題は？」

「……」


「お母さん、あたらしいゲーム出るんだって」

「買いませんから」

「なんだよぉ、おしえてるだけじゃん！」


「お母さん、ひらゆきしめがね〜」

「しらゆきひめでしょ」

「うん、ひらゆきしめがね〜」
「だ〜か〜らぁ！　しらゆきひめでしょ」
「もういい！」

以前はそんなことばっかりでした。

あなたが子どもなら、これで話す気が起きるでしょうか。最後まで聞いてくれない人、否定ばっかりする人、途中で口を挟む人と話したいでしょうか。

「京都旅行か、いいな〜」
「おい、歯に菜っ葉ついてるぞ」
「このパンフレット見てよ。いいと思わない？」
「おれ、休みないから」

嫌でしょー。私も嫌です。

では話したいと思われる親は、どんな親でしょう。

それは、認めて認めて認めたおしてくれる親です。

手を止め、目を見て、最後まで。

否定も口出しもせず、肯定しながら聞き切ってくれる親です。

ここぞというときは、「認めて認めて認めたおす」

それくらいの覚悟で聞いてください。

「聞いてもらっている感じ、満点」になります。


否定で聞くと反発します。

肯定ならば仲良しさん、心がぴったりくっつきます。

ダイが小学校1年生のときでした。この聞き方を教えてもらい、長いトンネルを脱出しました。

あの頃、あることでよくケンカになっていたんですね。原因は夕飯前のおやつ。私がお肉なんかを焼き始めると、急激におなかがすくようで、決まっておやつをねだりに来ます。「あんぱん、ある？」とか言いながら。

「すぐごはんだから、おなかお休みしておいて」

「だってぇ、おなかへった〜」

「すぐにごはんだって言ってるでしょ！」

「やだ、あんぱんたべる！」

「ダ〜メ！」

そんなちっちゃいことで、取っ組み合いになることもありました。それがほとほと嫌になり、友人に相談しました。すると言われたのです。

「否定ばっかりするからだよ。あなただって嫌でしょう、否定されたら。試しに『**そう**』**って聞いてごらん。きっとうまくいく**から」

ああ、そっか。私だって、否定されるのは嫌だった。そんなつもりはなかったけれど、私がしていることは見事に否定だったんだ〜。

それで決心しました、「次は『そう』で聞くぞ」と。

「次」は次の日やってきました。こりない息子です。

「お母さん、あんぱんある？」

来たあああ！（心の声）

「そう、あんぱん食べたいの？」

「うん、おなかへっちゃった」

「そうだよね、おなか減っちゃうよね」

「うん、おにくがじゅーってなると、おなかがグーっておへんじするんだ」

（お？）

「そうなんだ～」（まだまだ）

「今日のごはんはなあに？」（おお？）

「ダイの好きな、しょうが焼きだよ！」

「わ～い、しょうがやきだ～！　できたらおしえてね～」（！）

「ラジャ！」（!!!）


終わりました。あっけなく終わりました。あの取っ組み合いは何だったんだろう。

あの青あざは何だったんだろう。あまりのあっけなさに、あごが外れそうでした。

【自主練13】「そう」で聞こう

ここで言う「そう」は、「そうしていいよ」「ぜひそうしなさい」という意味合いではありません。

「そう思ってるのね」「そうなんだ～」の「そう」です。

賛成の「そう」ではなく、肯定・認め・共感の「そう」です。

すると子どもは「わかってもらえた」と感じます。

「今あんぱんは食べられないけど、おなかがすいた気持ちは理解してもらえた」と。

だから安心します。だから、あんぱんへの執念が薄まります。

あなたもこうやって聞いてもらえたら、満足しませんか？

「京都旅行か、いいな～」

「そうか、京都か～」

「このパンフレット見てよ。いいと思わない？」

「そうだね、いいね」

実際は行けなくても、気持ちだけは分かちあってもらえた。それだけでもありがたくありませんか？　そんな人になら、あれもこれもどれもみんな、話したくなりませんか？

「認めて認めて認めたおす」はこうやって、**そっくりそのまま肯定で聞く**ことです。

「最近、子どもが話しかけてこないなあ」と感じたら、どうぞやってみてください。きっとまた、おしゃべりにふんわり花が咲くはずです。

ところでこの「そう」で聞くやりとり、どこかで見た覚えはありませんか。YES!「ほめたら質問」です。59ページでは、質問のあとに「そうだな」「そうか」と、やはり「そう」で聞いていました。

そんなふうに受け止めてもらえると、人は安心して言葉をつなぐことができます。そうして話しながら自分を振り返ります。整理します。

頭の中には一日に3万〜9万の言葉が飛び交っているそうです。想像してください。頭上に9万匹のミツバチが、ぶんぶん飛び交っている様を。想像したくありませんね。

あまりに数が多いため、自分でも何がなんだかよくわからないそうです。それを一つひとつ言葉にすると、「ああ、自分はこんなことを考えていたんだ」とか「そうか、こうすればいいんだ」と見えてくるそうです。

聞いてもらえると、頭の交通整理ができます。だから勝手にしゃべって勝手に気づいて、「たまの下に走ったんだ」や「できたらおしえてね〜」になるのです。

「そう」って本当にいいものですね。

「『そう』で聞いてみて」とアドバイスすると、みなさんその効果に驚かれます。

「子どもが私を奪い合うようになった」

「トイレに入っても、ドアの前で話し続ける」

「話し終わると、ものすごい満足げな顔になる」と。

ですが、そのあと必ず言うことがあります。何だと思いますか？

「だけど、疲れる〜」です。まじめなお母さんほど長くやって疲れを起こします。

あなたもきっとそうなります。聞くって相当、神経を使うんですよ。

なので**はじめは、「一日5分」にしときましょう。**できそうだったら伸ばしていけばいいんです。

「たった5分？」と思います？

小学生の親御さんたちに講話をした際、ペアで互いの話を聞き合う練習をしてもらいました。時間はたったの3分間、カップラーメンを作る程度です。

終わったあとに一人のお母さんが、こんな感想をくれました。

「いつも家族に何かしてあげるだけで、自分が中心になる時間なんてありません。今、じっくりと話を聞いてもらい、なんだかものすごく気持ちよかった。いい時間でした」

3分でもこの威力です。5分ならなおさらです。

短い時間で満足感を高めるには、とある秘訣《ひけつ》があります。

それは**「聞きどき」をつかまえる**ことです。ここぞというときに、目薬の点眼なみの集中力で聞くのです。それができたら、たった5分でも子どもはじゅうぶん満足します。

では「ここぞ」は「どこぞ?」でしょう。

それは、**「子どもが話したいとき」**です。「あなたが聞きやすいとき」ではなくて。

子どもが話したがっているときってわかりますよね。「ねえ、お母さん」と、目で合図を送ってきます。そこをキャッチします。大抵この話したがる場面って、決まっていませんか。

うちの場合は、外から帰ったときです。学校から、部活動から、遊びから帰ってきた。8割方そこです。子どもなりに外では言えないことをためてくるんでしょう。学校で席替えがあってどうしたとか、あの決め方はこうしたとか。そんなことを、ともかくにも聞いてもらいたいみたいです。

「話す」は「放す」です。

あなたが玄関先で、たくさんの荷物を抱えているシーンを想像してください。ランドセル、習字セット、クリーニングに出したスーツに、さっき届いた宅配便。そこにピンポーン、ご近所さんがやってきました。

「実家からリンゴが届いたの。ちょっとだけど、おすそわけ」と。

さてあなたは、どうしますか？　くわえますか。そんな人がいたらお目にかかりたいです。きっと、荷物を置くでしょう。そうやって手を空にしてから、「ありがとう」と受け取るのではないでしょうか。

別なものを入れるスペースは、手放すことで生まれます。

心のスペースも一緒です。話したいことを抱えている限り、宿題もピアノ練習も入り込む隙間がありません。話していったん思いを解放すると、そこに空きができます。するとすっきり次のことに向かえるのです。

子どもが話したいときに「そう」と5分、認めて認めて認めたおしてください。

賛成でもない、反対でもない。ただ肯定し、認めたおす。

そんな親でいられたら、子どもはあなたを追いかけまわして話します。

あなたが自分のお母さんに、思いのたけを聞いてほしいように。

【自主練14】「聞きどき」をつかまえよう

第3章での仕込み

1 オープン ザ ボディ、オープン ザ フェイス

2 お名前プラス

3 「見てるよ」「できたね」「やってるね」

4 見たまんま

5 変化

6 Do より Be

第4章

「叱る」〜心の芯まで届けるために〜

「叱る」の真相にせまる！

さて「ほめる」を皮切りに「認める」を経過、この本もいよいよ大詰め「叱る」に突入です。

「叱る」のも、「ほめる」と同様いろんなことが言われます。

叱ってはいけないとか、

叱ると怒るは別だとか、

叱りすぎはなんたらとか。

そういったことは、理性で考えるとなんとなくわかります。

ですが実生活でいかせるかと言うと、私はなかなかどうしてです。

今日も朝から一発噴火しかけました。ダイが昨日締め切りの集金袋を出してきて、その10分後にも、ノンが「給食のエプロンにアイロンかけて～」ときたもんだ。

幸いそんなことがなくっても、雨の日、雪の日、生理前は、どうしたってイライラします。ああ、母って、女って……。

この章では「じゃあ、私たち、いったいどうしたらいいの」に応えてまいります。
大きく分けるとこの二つ、

・叱りを減らす
・心に届く叱り方を仕込む

ではまいりましょう。

あなたはがんばり屋さん

まず一つ、はっきりさせておきたいことがあります。

「叱ってはいけないの？」

「怒ってはいけないの？」

そんな疑問についてです。

叱っていいんです、怒りは自然現象です、それは人として当然あることです。あなたが叱るのも怒るのも、ダメママだからじゃありません。だれもがもっている感情です。逃げずに子育てしている証拠です。だからこれだけは言わせてください。

あなたはがんばり屋さんです！

自分を情けないなんて、恥ずかしいなんて、決して、決して思わないで！

「朝から晩まで、小言言ってる」

「子どもを愛しているのか自信がない」

「あんまり子どもを怒って、通報されるんじゃないかとヒヤヒヤする」

そういう人ほど、がんばっています。たった一人でがんばっています。ほんと、涙が出そうなくらい。近くに住んでいたら「うちのサロンにおいでよ。話ならいつでも聞くよ」って言えるのに。何もしてやれない自分がもどかしいです。

あなたがあなたを認めてください。

自分もがんばってるんだぞ、って。

毎日毎日よくやってるよ、って。

ごはん作りも掃除も洗濯も、手抜きしながらもしてるんじゃないですか？

だからほら、子どもはこうして生きてるでしょう？

どっこい、あなたはがんばっています！　そのがんばりをムダにしないためにも、ご一緒に心に届く叱り方を仕込んでいきますよっ。

【自主練15】　自分も「よしよし」ねぎらおう

叱り効果を100倍！ にする方法

そんなあなたに朗報です。うまくいく叱り方を、この章の終わりにお伝えします。

「叱る」はうまく使うと、本当に効果的なんです。

ではその効果を100倍にするには？

・普段の叱りを減らし

・いざというとき、心に届くように叱る

これです。叱ってはいけないのではなくて、叱っていい。ですが、毎回叱っていたら、効き目が薄〜くなります。便秘薬と同じです。雷も、たまに落ちるから怖いのです。

お母さんたちを見ていると、残念な叱り方をしている人がいます。

小さなものから大きなものまで、いっしょくたに叱る。

落書きと道路の飛び出しを、同じ強さで制止する。

そんな感じだからです。あなたにも覚えがありませんか？　私にはあります。

命の危険を伴う飛び出しが、落書きと同レベルの「こらっ!」では芸がありません。

ずっと小言を言い続けると、BGM化しますしね。

それより何より、怒ると気がおさまるどころかエスカレートしてきませんか?

叱る・怒るがまずいんじゃなくて、感情的に怒り狂うのがまずいんです。

なぜって? おっかないでしょ、どう考えても。自分の倍近い大きさの生き物が、ギャオギャオ吠えてたら。ティラノサウルスがグー握って追いかけてきたら、私だってびびります。

叱るのだって相当エネルギーを消耗します。疲れます。なのに届かない水鉄砲を乱射したところで、その労力はお疲れ損になるだけ。そんなの、すごくもったいない。

私たち親はしっかりと、的を定めて命中させましょう。

ここで、ちょっとまじめな質問です。

「あなたは、何のために叱るのですか？」

5分10分、いえ一日かかっても構いません。目を閉じて、思いをめぐらせてください。それくらいこれは、意味のある大きな質問です。

あなたは、何のために子どもを叱るのですか？

・子どもを良くしたいから
・自立を促すため
・次に同じ状況に出くわしたときに、正しい行動がとれるように

あなたの頭をよぎったものが、あなたの答えです。それを覚えていてください。それがあなたの叱りの基準となります。そして一瞬でいい、ここで出した答えを、この先叱る前に自分に問いかけてください。

「これは、子どもを良くする叱り方かな」
「どうすれば子どもを自立に導けるかな」

「このやり方で、次は正しく動けるかな」と。

そのほんのちょっとの間が、あなたを冷静にします。それで「よし！」と思ったら自信をもって叱ればいいですし、「ちょっと違うな」と思ったら別の道を選択することもできます。

たまにこんな方がいます。

「あなたは、何のために叱るのですか？」

「え？　すっきりするため」

これ、ジョークの本だったら100点あげたいところです。ですが、子育て本なのであげられません。

言いたいことを言ってすっきりしたい。これが**「怒る」。自分のため**です。

子どもに伝えて良いほうへ導こう。これが**「叱る」。子どものため**です。

叱るのは、自分のためではありません。子どものためです。

私たちは「怒る」より「叱る」を選び取っていきましょう。

【自主練16】叱る前、一瞬止まって考えよう

子どもは異邦人と思え！

叱り効果をアップするために、私たちがまずすること。

それは「叱りを減らす」ことです。

ではここで、叱りを減らす珍案を発表します。

「子どもは、異邦人だと思ってください！」

「なんだ、それ？」って感じですか？　では、その真意を説明します。

子どもを異邦人だと思うと、かなり割り切れます。

小さい子は、ごはんを手で食べます。

たまに、内部紛争が勃発します。

洋服の選択を任せると、こちらの予想をはるかに超えたファッションをします。

ね、あなたのお子さんも異国情緒たっぷりでしょ。

この人たちに正論を振りかざしたところで、どうにもなりません。「その服装はありえないでしょ」と言ったところで、「これが我々の文化だ」と返されたらひとたまりもありません。第一、言葉が通じません。

そんな彼ら彼女らを、どうやって納得させるか。それが腕の見せどころです。

例えば「靴を脱いで家に上がる」で考えます。外国の人は靴のまま家に上がりますが、日本では違います。それを理解してもらうのに、あなたならどうしますか？

思いつくだけ書いてください。

・

・

・

・

私も書いてみます。

・「日本では、靴を脱いで家に上がるんですよ」を、相手のわかる言葉で説明する

・自分が靴を脱いで見せ、見本を示す

・できたら満面の笑みで、「GOOD!」と言ってみる

・スリッパを置いておき、「あれ?」と思わせる

などでしょうか。まだまだありそうです。

このように外国人相手であれば、あの手この手が必要だわ〜と思い至ります。

それにもし靴のまま上がったとしても、「何やってんの！」とは怒らないでしょう。

悪気があるわけではない、ただ知らないだけだと、これから一つひとつ教えていこうと、そう思うのではないでしょうか。

そしてたどたどしい日本語であっても真剣に耳を傾けようと、ジェスチャーや表情も含めて全力で理解しようと努めるのではないでしょうか。

それはなぜでしょう？

異国の人をわかりたいから。そしてわかってほしいから、ですよね。

そこです！　子どもをわかるためにも、わかってもらうためにも、そうすればいいんです。

だから、子どもは異邦人と思ってください。それが叱りを半減させる方法です。

では外国人に接するように、子どもの接し方を工夫してみましょう。

Q 先の靴の例を、歯みがきに応用するとどうなりますか？

記入欄

・・・

答え例

・「食べたら歯みがきしようね」と説明する
・一緒にやる
・できたら「できたね」と認める
・食卓に歯ブラシを置いておき、「次は歯みがき」とわかるようにする
・歯みがきしている絵を貼っておく
などなど、まだまだあるでしょう。
こんなふうに**あの手・この手・奥の手を試して**ください。
「考える」という行動が、あなたを「できる親」に成長させてくれます。

「伝わる」から「伝える」へ

もしかしたら私たちは、英語しかわからない人に日本語で話していたのかもしれません。はたまた文化や宗教の違う人に、同じことをしていたのかもしれません。だから通じなかった。そう考えると、あんなこともこんなことも合点がいきます。であれば、です。相手に伝わる言葉で話す必要があります。

「伝える」ではなく「伝わる」です。

「伝える」と「伝わる」は別物です。

学校の先生は「伝える」のが仕事です。どの先生も、一生懸命伝えているはずです。けれど実際は、伝わってくる授業と、こない授業がありませんでしたか。教え上手な先生は、伝わる技術を駆使していてくれたんです。

あなたはどうでしょう。あなたの言葉は今まで、子どもに伝わっていたでしょうか。「YES!」ですか？　本当に？

幼稚園の先生をしていたときのことです。

水道の蛇口を思いっきりひねって、水を大量に出している子がいました。それで手を洗うと、どうなりますか。お察しの通りです、自分にもはねるし、まわりの子にまで水しぶきが飛び散ります。そこで言いました。

「お水、じゃーじゃー出さないの」

「うん」

返事はするものの、一向に直りません。じゃーじゃーのままです。

様子を見ていた先輩先生が、その子に声をかけました。するとどうでしょう、スルリとおさまったのです。さてこの先生、なんと言ったと思います？

答えは、「えんぴつの細さで出そうね」です。ついでにその子の手を取って、一緒に「えんぴつの細さ」に水量を調整しました。お見事！

私の言葉は、伝えたつもりが、てんで伝わっていませんでした。

伝わったのは、先輩先生の言葉です。

また、こんなこともありました。空港ロビーで飛行機を待っていたときのことです。

その中のお母さんが、3歳くらいの子どもに言いました。

「ちょろちょろしないの」

どうやら、座ってほしかったようです。ですがその子は、そのあともずっと「ちょろちょろ」。お母さんは延々、「ちょろちょろしないの」を繰り返していました。

かたや、別のお母さんは言いました。

「ここに座ろうね」

そうやって自分も座りました。すると子どもはどうしたと思いますか。そうです、隣にすんなり座りました。

ここでも前者のお母さんの言葉は伝わらず、後者のお母さんは伝わりました。

この違いは何でしょう。

私や「ちょろちょろ母さん」の言葉は否定形、「してはいけないこと」を示しています。先輩先生や「座ろうね母さん」は、**肯定形で「してほしいこと」**を示しています。

「してはいけない」だと「では、どうしたらいいか」がわかりません。なので直しようがありません。子育てでも「怒ってはいけません」とだけ言われても困りませんか。ほしいのはやっぱり「だったらどうするか」です。そこをクリアにしましょう。

そのほかにも「伝わる」ポイントがあることにお気づきでしょうか。

一つは具体性です。「えんぴつの細さ」や「ここに」などは理解の助けになるでしょ?

もう一つは「一緒にやる」です。そうすることで微妙な感覚を体感できたり、目で見て一発でわかるメリットがあります。何より「一緒」は心地いいです。

「伝わる」秘訣《ひけつ》はこの三つです。

1 肯定で「どうすればいいか」を示す
2 具体的な表現を入れる
3 一緒にやってフォローアップ!

では次のページで、「伝わる」練習をしましょう。

まず**1**+**2**で言葉を作ります。**3**は、そのあとです。

Q 「道路に飛び出さないで！」を伝わる言葉に変えましょう

住宅街など信号のない十字路で、とっとこ走る子どもに言うものと想定してください。そんなに交通量は多くないものの、それなりに車は通ります。

まずこれも、「飛び出さない」と否定形になっているところにご注目。「してはいけない」ことを示しているので、「では、どうすればいいか」がわかりません。

1 肯定で「どうすればいいか」を示す

「飛び出してほしくない」ということは、子どもにどうしてほしいのでしょうか。

記入欄

・・・・

例

・「待って」
・「止まって」
・「ストップだよ」

などでしょう。

2 具体的な表現を入れる

何があるでしょう? 止まってほしい位置に、目印や目立つものはありませんか。そういった「見えるもの」「子どもが思い浮かべられるもの」がベターです。**人は情報のほとんどを、視覚でキャッチします**から。では書いてみましょう。

記入欄

・・・・

例

・「白い線で」
・「電信柱で」
・「赤い三角のところで」（「止まれ」の標式）

などが、わかりやすくていいですね。

以前「タンポポのところで」としたら、秋になって困りました。メルヘンチックで気に入ってたんですけど。いつもそこにあるものがいいでしょう。

で、良さそうなもの二つをつなげます。

1の例「止まって」と**2**の例「白い線」で「この白い線で止まってね」になります。ちなみに言葉は、**短ければ短いほど伝わります**。覚えやすいです。これでだいぶ伝わります。

これでもまだ「だいぶ」の域です。完璧ではありません。そこをフォローするのが、**3**です。

3　一緒にやってフォローアップ！

子どもは、何をどこまで理解しているか定かでありません。大人だってそうです。

「白線」と言ったら、「ハクション」の仲間と思うかもしれません。

念には念を入れ、一緒にやって覚えさせてください。

「白い線で止まってね」と言いながら足を止める、線を触って「これだよ」と示す、数を数えて制止するなどはいかがでしょう。

1肯定＋**2**具体的表現で「してほしいことを明示」し、**3**行動でフォローする。

すると子どもに「本当に」伝わります。

今度は一人で練習です。

大丈夫、ポイントはたったの二つ、**1**の「肯定」**2**の「具体性」だけです。

Q 「テレビに近づかないで」。これをどう料理しますか？

1 肯定で
2 具体性を入れて
二つを合体！

答え例

「テレビから離れてね」（もう一声！）
「ソファーに座って見よう」（いいね）
「このクマちゃんのところで見よう」（これもいいね！）

要領がつかめたでしょうか。この調子で否定を肯定に変換し、「やること」を具体的に示してください。あとは**3**。一緒にやりながら体で覚えさせましょう。すると叱りは、どんどこ減っていきますよ。

「具体性」に、もうちょっと突っ込みます。

「本当に」伝わるためには先のように、子どもにわかるものを入れるといいです。

「バクゼン語」を「具体語」に、です。

なのに、私もよく霞か雲かわからないバクゼン語を口走ります。

「はやく」「もうちょっと」「あとで」「きれいに」「いい子に」「いい加減に」など。そう言われて、どのくらいか、どんな感じかつかめますか？「はら八分目」もわかるようでわかりません。これらバクゼン語を具体的なものに落とし込みましょう。

例えばです。「教室を清潔にしましょう」と、ある先生が呼びかけたものの、一向にきれいにならなかったそうです。そこで先生、具体的表現にチェンジしました。すると、あっという間に床のゴミがなくなったとか。さて、なんと言ったと思いますか？

答えは「ゴミを5個拾いましょう」

これならわかりやすいです。ゴミを5個拾うというゴールイメージがつかめます。

話は変わって、うちのお風呂での出来事です。

「しっかりあったまろうね」

そう言っているうちは、体は冷えたままでした。

「何やってんの、しっかり入ってってって言ってるでしょ」と、口調がだんだん荒くなり、泣かれたこともありました。

それである日、作戦変更。こう言ってみました。

「肩まで入って10数えるよ。いーち、にー……」

すると「あ、そういうことか」みたいな顔をして、肩までとぷんと沈みました。

何のことはない、私のバクゼン語がいけなかったようです。その様子を見て、私も「あ、そういうことか」と納得した次第です。

「もう少し大きい声で」は、犬なみでしょうか、ライオンなみでしょうか？

「大きくなったらね」は、誕生日でしょうか、身長2メートルでしょうか？

「顔をきれいに」は、洗うのでしょうか、お母さんみたいに塗るのでしょうか？

「いい子」はどんな子で、「いい加減」はどの加減でしょうか。

ちなみに私は、洗顔クリームの「さくらんぼ大」で毎回悩んでいます。

ここをはっきりさせると伝わりやすくなりますし、あなたも無用なストレスから解放されますよ。

【自主練17】「あとで」を具体語にしよう

この項の最後は**「時間帯別・ありがちなセリフ」大集合**です。

朝、昼、晩でよく言う否定形を肯定形にし、なるべく具体性をもたせました。

ルール

・「一緒感」が強まるよう、「〜しよう」を多用しよう
・あなた流に、アレンジしよう
・一つでいい、今日から使おう

これでだいぶ伝わって、叱りが減るはずです。

朝

・「いつまでも寝てないの」↓「6時半だよ、起きよう」
・「まだ着替えしてないの？」↓「この服に着替えよう」
・「遊ばずに食べなさい」↓「時計の針がここにいくまでに食べよう」
・「歯みがきしなくちゃ」↓「歯みがきしようね」
・「顔洗わないと」↓「顔洗おう」
・「ティッシュない？」↓「ティッシュある？」

・「靴のかかと、つぶさないで」→「こうして履いてごらん」(やってみせる)
・「遅刻しないでね」→「7時半に出るよ」
・「かさ、こわすんじゃないぞ」→「かさはこうしてもってね」
・「元気ないぞ」→「背筋、ぴ〜ん!」

昼

・「かばん、かけないとダメでしょ」→「ここにかばんをかけよう」
・「手を洗わないと(怒)」→「ごーしごーし　手を洗おう」
・「アイス二つはダ〜メ!」→「アイスは一つだよ」
・「おやつのゴミは捨てなくちゃ」→「ゴミは捨てよう」
・「ピアノの練習やらないと」→「きらきら星弾いてみようか」
・「騒いじゃいけません」→「お口閉じてね」
・「こぼさないでよ」→「そーっとだよ」
・「いい子にしないと置いてくよ」→「お母さんの洋服つかんで、ついてきて」
・「走りまわらないで」→「ぬき足、さし足、しのび足〜」

・「まだできてないの？」→「いつやるの？」

晩

・「暗くなってから帰ってきたらいけません」→「5時までに帰っておいで」
・「まだ宿題やってないの？」→「宿題はこれから？」
・「犬みたいに食べないで」→「茶碗をもって食べよう」
・「残さず食べなさい」→「トマトも食べられるかな」
・「いつまでも、だらだらゲームしてないの」→「何時に終わる？」
・「電話するから大声出さないで」→「ありんこの声でお話しして」
・「ハサミ、出しっ放しにしないで」→「使ったら、ここにしまって」
・「お風呂入らないと」→「お風呂にレッツゴー！」
・「パジャマ着ないと風邪《かぜ》ひくよ」→「パジャマ着るとあったかいよ」
・「寝ないとおばけ来るよ」→「お布団入ろうね」

【自主練18】この中の具体語を、一つ使おう

肯定言葉はひと財産

あなたが肯定で話すと、伝わるばかりではありません。叱りが減るだけでもありません。すばらしい特典がついてきます。

子どもがやる気・元気・その気になるという特典です。お得でしょ？

料理教室に参加したと想定し、次の否定と肯定を味わってください。

否定

「さんまを焦がさないよう、注意してください」

「ほら、目を離さないで」

「ダメダメ、そんなやり方じゃあ」

肯定

「脂ののったさんまを、おいしく焼きましょう」

「うまく焼けているか見ていてください」

「いいですね！　ばっちりです」

いかがですか。

前者は気分が落ちます。動きばかりか、気持ちも止まってしまいます。

後者は気分が上がります。スキップしながら駆け出したくなる軽やかさがあります。肯定言葉はこのように、間違いなく人を前へと押し出すのです。


また、あなたが肯定で話すと、輝かしい未来が待っています。

子どももあなたも人気者になり、必要とされる人になれるんです！

しかも友人にばかりでなく、社会にもです。

びっくりでしょう？　なぜ、そんなことが起こるのでしょう。


言葉は子どもに移行します。あなたの口調・口グセを、子どもはまねしませんか。

ぬいぐるみに、「めっ、そんなことしちゃダメでしょ」と、自分と同じように言ったりして。

それです！　そうやって否定も肯定も引き継がれます。

そして人は、肯定してもらうと、自己肯定感が上がります。

「そうそう！」

「いいね！」

「やろう、やろう」

そんなふうに自分の意見を認め、応援してくれる人をあなたはきらいになれますか。疎ましく感じますか。いえ、そうはならないはずです。

肯定で話せる人は、宝です。以前それを、身にしみて感じることがありました。

うちの町内子ども会では、毎年3月末に「6年生を送る会」をします。私がくじ引きで会長になったその年、震災がありました。

「こんなときに、行事なんてやらないよね」

だれかの否定的なささやきに、みんなの動きが止まりました。となりの町内子ども会では取りやめたと言うし、大きなイベントも軒並み自粛していたからです。くわえて、両家揃ってのノンの卒業祝いも、春休みに行くはずだった旅行も白紙となりました。

送る会を中止すべきか否か……。会長の私に決断が迫られます。けれどノンがぽつりとつぶやいた言葉が、どうしても、どうしても頭から離れないのです。

「……楽しいこと、み〜んな、なくなっちゃった……」

やりたい。だけどそれは、非常識なことなの？　会の途中に余震があったらどうするの？　100人近い命を預かっていいの？　葛藤が続きました。

招集した話し合いの席でも、なかなか答えが出ません。時計の音だけがコチコチ、コチコチ。しんとした部屋に響きわたります。それを打ち破ったのは、副会長さんの一言でした。

「こんなときだから、やろうよ！」

それで心が決まりました。その場にいた全員の顔が、いっせいに上がりました。

「そうだよ、こんなときだからやるんだよ！」

そうしてなんとか会を決行。下の子たちをお世話してくれた6年生を、笑顔で送り出すことができたのです。それはすべて、副会長さんのおかげです。あの言葉のおかげです。

肯定の言葉が、みんなの背中を押してくれたのです。

肯定形がスタンダードになれば、その人は友だちや先生、クラスやチームにとって、なくてはならない存在になります。よどんだ空気に風穴を開けてくれるキーパーソンになります。一生の友、一生の恩人として感謝されることもあるでしょう。そう言いながら「なくてはならない」となっているのが、私の説得力に欠けるところですが。

言葉が、幸せに一役買います。

あなたが肯定の言葉で話し、それを子どもが受け継ぐ。

それもまた、あなたが子どもに渡せる、大きな大きな財産ではないでしょうか。

【自主練19】 肯定で話そう

『こんなとき』だからやろうよ♫
やろう！やろう！
うん!!やろう
そうだね♫

「叱る」はギフト

これで叱りは半分になりました。

叱るのは、子どもを良い方向に導くためでした。

ということは、です。うまく叱れたら、子どもの行動が良い方向に変わるはずです。そこが、うまく叱れたか否かのバロメーターです（一朝一夕にはいきませんが）。

では、うまい叱り方とはどんなものでしょう。

あなたの子ども時代を振り返ってください。

ガミガミ叱られたときと、穏やかに諭されたとき、どちらが素直に聞けましたか？

布団たたきを振り上げられるのと、落ち着いて話されるのではいかがでしたか？

単に恐怖を感じてやめるのと、心底納得して行動を改める、その違いは何でしたか？

たとえ殴られて育ったとしても、それを引き継ぐ義務はありません。あなたは今、優れたものを選び取れるのです。負の連鎖は意識すれば断ち切れます、絶対に。

思い出してください。心に残る、叱られシーンを。

私は人ん家《ち》の柿をもいだり、ツララを取りそこねてガラスを割って怒鳴られました。すでに悪いことしちゃったと思っているところに「こらっ！」と言われ、「わかってるもん！」とふてくされました。悪さしといて大きなことは言えませんが。

ですが一人だけ、「聞ける」と言いますか、聞く気になる叱り方をしてくれる人がいました。友だちのお母さんです。その人は、私がいたずらをすると、決まってこんなふうに切り出しました。

「おばさんは、あきちゃんがかわいいから言うんだよ」

「大好きだから言うんだよ」と。

すると不思議と心が開いて、そのあとに続く叱りがすーっと入ってくるのでした。あなたのまわりにも、そんなふうに言う方はいますか。または、いましたか。

人は共鳴します。物悲しい音楽を聞けばしんみりしますし、元気な曲を聞けば踊り出したくなります。

言葉も同じです。がんがんぶつけられると、反射的に身構えます。硬くなった体や心には何も入ってきません。恨みや憎しみを生むだけです。逆にあたたかい言葉を贈られると、体が、心が、柔らかくなります。そこになら、多少耳のいたいことでもふんわりと入ってきます。

「叱る」はギフトです。子どもをより良くするための贈り物です。

叱られたのに気持ちいい。

叱られたのにあったかい。

叱られたのに愛を感じる。

そういう親に、私はなりたい

あなたも心の芯まで大切なものを届けるつもりで、愛のある叱り方を試してみませんか。

それには、叱る前とあとの下ごしらえがものを言います。ここではそんな、知ってラッキー、叱り前後のマル得情報を仕込みましょう。

・タイミングを待つ

・体勢を整える

・ふんわかハートを作る

・人柄より事柄

・深追い厳禁

では、それぞれを説明します。

マル得情報　タイミングを待つ

子どもが「聞ける」タイミングを待ちましょう。

テレビに夢中になっているときに「お片づけは？」と言っても聞こえません。私もお米を「1合、2合……」と量っているときに話しかけられても困ります。テレビならコマーシャルに入ったら、まんが本なら章が終わったらがGOOD。

このタイミング、数分のこともあれば結構かかることもあります。

とある大学の先生は、数日ねばって勝利を収めました。それは、生徒にレポート課題を出したとき。どんなに催促しても、出さない男子学生がいたそうなんですね。ある夜、食事を取りに食堂に入ると、なんとびっくり！　その学生がバイトしているではありませんか。気まずい空気が漂う中、バツ悪そうに注文を取りに来た彼に、先生はピカーン！　ひらめきました。

「ええっと〜、この唐揚げ定食と……。あ、レポート一つね」

翌日レポートは、無事提出されたとか。待った甲斐《かい》ありましたね、先生。
あなたもそんな、グッドタイミングをつかまえましょう。

マル得情報　体勢を整える

コミュニケーションやコーチングの世界では、話を始めるにあたり、体勢作りからスタートします。相手との立ち位置や座る位置に配慮するのです。

なぜでしょう？

「視線」を重視するからです。叱られるときに、正面切って視線がぶつかるとしんどいでしょ。幼稚園教諭時代「先生の目を見なさい」とすごむたび、寝たふりする子がいました。防御反応だったんでしょうね、立ってるのに。

対面は緊張を生みます。

いいのは**「お膝90度」**、続いて横並びです。

私は**「後ろから抱っこ」**もよくやりました。すると「ほどほどに」目が合うので、お互いリラックスできました。

マル得情報　ふんわかハートを作る

叱られるって緊張します。突っ張った心には、せっかくの言葉が入っていきません。柔らかい心になら、叱りもすーっと入ります。話す前にそんな、ふんわかハートを作りましょう。それにはコツが二つあります。

一つは**身体を緩ませる**こと。身体が緩むと心も緩みます。私が後ろから抱っこするのは、緩んだ瞬間がわかるからです。

子どもがいじけているうちは、身体も硬くなっていますよね。そこで後ろから抱っこして、のんびり揺れたり歌ったりします。そうするうちに、後ろの私にもたれかかる瞬間があります。それが、緩んだ証拠。そこから「あのね」と始めると「うん、うん」と聞いてくれるのでした。緩めるには、おやつやおやじギャグ、ぽかぽかお風呂もいいですね。

もう一つは友だちのお母さんのように、**心を開く言葉を「先に」言う**こと。

これには「かわいいから言うんだよ」のほか、「いいとこフィルタ」が役に立ちます。無理にでもいいところを見つけて、先にそれを言うのです。

散らかし放題散らかしていても「いっぱい遊んだね」と。

全身泥まみれなら「泥んこパックでぴっかぴか！」とか？

先にこうして聞ける耳を、開いた心を作っておくと、次の言葉がしっかり入ります。

マル得情報　人柄より事柄

叱る際にはぜひぜひ、**人柄と事柄を分けて**ください。

例えば絵本を振りまわして、破いてしまったとしましょう。

その際に「おまえはバカだ」「ボケだ」と、人柄、性格、外見にまつわることを言うのはご法度です。それは人格否定です。

指摘すべきは「事柄」。その行為のどこがまずかったかを知らせてください。「絵本を振りまわしたから、破れてしまったね」と。それなら受け取りやすいです。

マル得情報　深追い厳禁

こちらは、叱ったそのあとになります。

まだのみ込めないうちに、「わかったな」と念押しする人がいます。

立ち直りかけた子どもに、「またやったら許さんぞ！」と釘《くぎ》を刺す人がいます。

悔しくてバタンとドアを閉めた子に「なんだ、その態度は！」と、追いかけてまで怒鳴る人がいます。あ、うちの夫です。

消化するには時間がかかります。素直になるにも同じこと。

叱ったあとは、しばし放っておいてください。あとは時間が熟成してくれます。

【自主練20】体勢の違いを味わおう

マル得情報　言いたいことは、言わせたもん勝ち！

もう一つ、やっておいたほうがあとがラクなことがあります。

それは、言いたいことは言わせちゃえ！　ということです。

叱り始めた際、子どもが何か言いたそうにしていることはありませんか？　むすっと、不満げにむくれていたり。「だって」と口答えして余計怒られたり。
不満は先に言わせましょう。少々時間はかかっても、後々の「浸透率」がぐーんと違ってきます。なにせ**「話す」は「放す」**ですから。

夫の実家に行ったときのことです。

朝から義父母は山菜とりに行き、私ら親子は温泉に出かけることにしました。昼には帰る義父母に、昼食のおかずをちゃちゃっと用意し、ごはんのタイマーをかけて。

ですが、温泉に近づいてからハタと不安になりました。

「私、ちゃんとタイマーかけたっけ？」

「え？　炊飯器のコンセントなら抜いたよ」

「ええ〜！　なんで抜くのよお」

「保温はエコじゃないからね」

「保温じゃないよ、タイマーだよ！」

夫と言い合っているところに、携帯が鳴りました。義父からです。いつもは温厚な義父が電話してくるなんて、こりゃ相当怒っているはず。恐る恐る出ると……。案の定です。

「遊びに行くのは構わないが、飯くらい炊いていってもいいんじゃないか」

父さん。その予定でした。

「おまえたちに新鮮な山菜を食べさせたくて、朝はやくから山に行ってたんだぞ」

ありがたいことです。ですが、父さん……。

「それくらいの気持ちがあってもいいんじゃないか」

ありました。ありましたとも、父さ〜ん！

なのに勢いに飲まれ、一言も言い返せません。あえなく完敗です。

最終的に折れましたが、心の中はもやもや。ぜんぜんまったく割り切れません。

私の話も聞いてほしかったです。「タイマーかけたんです」「なのに、お宅の息子さんが抜いてしまったんです」ということを。「言いわけじゃありません。これは言い分です」と。

聞いてもらえたらそのあとの展開も変わるでしょうし、素直に耳を傾ける気にもなったはずです。一方的に責められるって、ダメ呼ばわりされるって理不尽だわぁ。

そう痛感した一件でした。

そういう私も、人のことは言えません。

ダイが友だちと自転車で遊びに行き、真っ暗になってから帰ったことがあります。心配でたまらず、ようやく「ただいま」と戻ったダイに食ってかかりました。

「今何時だと思ってんの！」

「だって」

「だってもあさってもないでしょ！　どれだけ心配したと思ってんの！」

「もういい！」

ダイはそれっきり、ごはんも食べずにふて寝してしまいました。

次の日。昨日一緒にいた子のお母さんから電話が来ました。

「昨日はダイちゃんが、遅くまでつき合ってくれたみたいで」と言います。

はて？　なんのことやら。

「うちの子の自転車、途中でパンクしたみたいなんです。

ほかの子はみんな『遅くなるから帰る』って先に行ったらしいんですね。

なのにダイちゃん、自転車を押して一緒に歩いてくれたそうで」

「……え、そうだったんですか」

「それで、『前に行った自転車屋さんを知ってるから』って連れて行ってくれたそうなんです。本当に助かりました」

「……そうだったん……うっく」

涙ぼたぼた、鼻ずるずるでした。

「だって」の続きを聞いてやったら、あんなふうに怒らなくてよかったのか。

というか、ほめることもできたのか。は～、私もまだまだの母ちゃんです。

むくれたり口答えするのは、「言い分が通らないから」ではありません。

言いたいことを**「聞いてもらえないから」です。**

通らなくたっていい。聞いてさえもらえば、だいぶ気はおさまるのです。

子どもも何か理由があるのかもしれません。まわり道に思えても、少々時間はかかっても、言いたいことを話して、放させる。するとあなたの叱りを受け入れる、心の隙間が生まれます。

【自主練21】「だって」の続きを聞こう

ついに出ました！　芯まで届く叱り方

お待ちどおさまでした、いよいよ芯まで届く叱り方の登場です。

ここまでのポイントを押さえてしまえば、心にまっすぐ届けるのはさしてむずかしくありません。さあどのように叱ったら、芯まで届くのでしょう。効果絶大な叱り方を3連発します！

A「すーっとしみ込む叱り方」
B「ピンチをチャンスにする叱り方」
C「秘技　自己肯定感が上がる！　叱り方」

A「すーっとしみ込む叱り方」

記念すべき第一発目、「すーっとしみ込む叱り方」からです。その方法とは……。

「事実」を示して「要望」する。それだけです。かんたんすぎてがっくし！　でしょ。

「絵本を振りまわしたから、破れてしまったんだね（事実）。絵本は振りまわすものじゃない。読むものだよ（要望）」と。これでOK。え、「叱っている感じがしない」ですか？　でしょう。やることをやっておけば、大きな声を張り上げなくてすむんです。

事実に感情は混じりません。だから自分の声に興奮しなくてすみます。冷静でいられます。それに言われる側も、**事実だと受け入れやすい**んです。

「シャツが出ていますよ」（事実）

「シャツが出ていて、だらしないですよ」（事実＋α）

ほら、事実だけのほうが「あ、ほんとだ」と直す気になりませんか。

ここでもやっぱり**要望には、肯定形**を使ってください。たとえ「〜しないで」といったん否定しても、最後は肯定で締めてください。最後に言われたものが耳に残ります。今後どうすればいいかがわかります。

私もこの言い方で注意されると、すんなり聞けます。

車に若葉マークを貼っていた頃のことです。高速道路の入り口でチケットを取り忘れ、出口で慌てて説明したことがあります。すると料金所のおじさんが言いました。

「取り忘れたんですか。最悪の場合、九州からの代金を払ってもらうことになります」

九州からって、ここ、東北なんですけど〜。

青ざめているとおじさんは、自己申告したインターに電話を入れ、モニターで調べてくれました。そうして、こう言ったのです。

「車の確認がとれました（事実）。

今度からは、入り口でチケットを取ってください（要望）」

「はい〜」

あれも今考えれば、「事実＋要望」でした。だから素直に聞けたんですね。納得。

もしもあのとき次のように言われていたら、ああはすんなり受け入れられなかったはずです。

「なんで取って来なかったんだ！」（責め）

「困った人だね〜、あんた」（人格否定）

「こらー！　引き返して取って来ーい」（罵声）

「あんたのせいで、余計な仕事が増えちまった」（文句たらたら）

「今まで生きてきて、チケットを取ることも知らなかったの？」（イヤミ）

こんな言われようだと、ズドーンと落ち込んだことでしょう。

子どもにもこんな言い方をすると、せっせとためた自己肯定感がストンと急降下します。そんなの、すごーくもったいない！　だから「事実＋要望」です。

では、練習です。

Q　子どもがあなたの口紅でお絵描きしました。さあ、どう言って叱りますか？

記入欄

事実＝

要望＝

答え例

「口紅で描いたのね（事実）。

お絵かきなら、クレヨンでしてほしいわ（要望）」

子どもはあなたのひきつった顔を見て、すでに「悪いことをした。らしい」と悟っているはずです。ですから「自分が何をしたかわかってるの？」と深追いする必要はありません。**事実を淡々と述べるのみ。**それでじゅうぶん、迫力あります。

Q 子どもが、棒でおもちゃをたたいています。こんなときはどうしますか？

記入欄

事実＝

要望＝

答え例

「おもちゃをたたいているね（事実）。

この箱だったらたたいていいよ（要望）」

これは、**代替え案を提示する**方法です。

子育てが思うようにならなくて、ドカ食いすることってありませんか？　あれは、子どもを「征服したい」という欲求を、食べ物に代えて満たしているのだそうです。気持ちはなかなか変えられません。ですが、別なもので満たすことはできます。だからたたきたい気持ちを、おもちゃから箱に誘導して満足させるのです。

ほかにも石の代わりにボールを渡す、本に落書きしていたら紙を渡す、体力があり余っている子を広場で走らせるなど応用がききます。

さあ、叱るコツ、いくらかつかめましたか。

「事実＋要望」、これが叱りの最強タッグです。

B 「ピンチをチャンスにする叱り方」

次に紹介するのは、叱り方の第2弾。「ピンチをチャンスにする叱り方」です。叱るのは、困ったことをしたとき、やめてほしいとき、行動を改めてほしいときなどですよね。つまりは「ピンチ」のときです。

先日、サロンのトイレが詰まりました。結構なピンチでしょ？　こんなときに「なんでこうなったの！」と、人や物《ぶつ》を責めたところでどうにもなりません。

「なんで」は、頭を過去に向かわせます。

なんであのトイレットペーパーは、水に流れにくいのだろう。

なんでぼくは、こんな大きいのをしちゃったのか。

ほかにも「なんであの人は、あんなことを言ったんだろう」とか、「うっわ〜、なんでいつもバナナばっかり買っちゃうんだろ」と、私もよく思います。すぎたことを悩み、ぐるぐるグルグル堂々巡りする。それだと先に進みませんし、ものすごく消耗しませんんか。

ですがご安心ください。そこから抜け出す秘策があります。

それは、**「さあ、どうする?」**です。プロローグで水を拭いた子どもにした、あの質問です。

こう問いかけると、頭が未来に転じます。「これから」「どうすればいいか」を考えます。

「手を突っ込んで、詰まったものを取れないだろうか」

「スッポンスッポンしてみたらどうだろう」。しかし、劣化して役に立たず。

「しょうがない、『トイレが詰まりました』とはり紙しよう」

ここでミラクルが起こりました。はり紙を見たお客さまが「任せてください。私、詰まり取りの名人なんです〜」と名乗り出てくれたのです。

その方は見事な「どうする思考」。しかと「これから」に焦点が合っていました。

「お隣さんから、スッポンスッポンを借りてきては？」

「う〜む、トイレのものだから、いかがかな……」

「では、新しいのを買って来るとか？」

「ふむ、そうしよう」

こうして見事にトイレは復活、その方は拍手喝さいを浴びたのでした。

未来に向かう質問は、頭も体も確実に、前へ前へと進めてくれます。自分に問いかけても、子どもに問いかけても、です。

子どもが「どうする？」に答えたら、こうも尋ねてください。

「なぜ、そう思ったの？」

すると会話が生まれます。思考力が養われます。何より子どもの中に「自分の考えを大切にしてもらっている」という充足感が生まれます。

このときもやはり、「そう」と聞いてください。たとえあなたの答えと食い違っても、トイレに呪文をかけてみると言ってもです。「なぜそう思ったの？」に「だって、おいらはマジシャンだから」と答えても、子どもの案でトライさせてください。

それでうまくいかなかったら？

「じゃあ、次はどうする？」また質問するのみです。

子どもが小さいうちや体験が少ないことに関しては、選択肢を見せるといいでしょう。「AとB、どっちにする？」と。先のおもちゃをたたく子には、

「たたくのをやめるか、この箱をたたくか、どっちにする？」、

「この箱か、太鼓だったらたたいていいよ。どっちがいい？」といった感じです。

では練習しましょう。

Q 友だちのノートを間違えてもち帰ったら、どう言いますか？

記入欄

事　実＝

質　問＝

選択肢＝

答え例

「間違ってもってきたのか（事実）。

さあ、どうする？（質問）」

「間違ってもってきたのか（事実）。

電話するのと、明日学校で渡すの、どっちがいい？（選択肢）」

大きくなったらだんだんと、要望から質問に切り替えてください。子どもに問題を返してください。それが、**自分で自分の課題を解決する訓練**になります。

「さあ、どうする？」

この質問がピンチをチャンスに、「やっちゃった」を「できちゃった」に変えてくれます。

C 「秘技　自己肯定感が上がる！　叱り方」

「叱る」の最後になります。

クライマックスを飾るにふさわしい叱り方を、密かに隠しもっておりました。そろそろ、それをお披露目するときが来たようです。

子どもが自己肯定感を保てる、いえ、叱られながらも自己肯定感が「上がる！」、奇想天外・裏ワザ的叱り方です。工夫次第で、そんな魔法も起こせるのです。

それは……。

「ほめ叱り」です。はじめて聞きましたか？　それもそのはず、今名づけました。

普通であれば、叱られたら多少なりともへこみますよね。そのたびに自己肯定感はズドドーッと、またはちょろりと失われます。

そこを落ち込みゼロで、NO NO！　自己肯定感UP！　にもっていく叱り方とは？

それは例えば、こんな感じです。

「おまえの黄金の足を、そんなことに使っていいのか！」

かっこいいでしょう！　ですが場面はかっこよくありません、なにせ芋畑ですから。サツマイモをけっ飛ばしたダイに、夫が言ったことですから。

ダイは逃げ足もですが、かけっこも速いんですね。そこを突かれたからでしょう、いつもは不利とわかるや逃走するダイも、このときばかりは逃げませんでした。間違いを指摘されているのに、いつになく真剣にまっすぐ父を見つめていました。きっと叱られている感覚とは、明らかに違ったのでしょう。

ほめつつ叱る、これが「ほめ叱り」です。

プライドをくすぐりつつも、まずい部分に切り込む。

プラス要素を織り交ぜながら、マイナス要素に気づかせる。

そうすることで心が開きます。尊重されていると感じます。加えて、自分の長所や価値を知ったり、再確認するきっかけにもなります。だから叱られながらも、自己肯定感がぐいっと引き上がるのです。

ほかにはこんな言い方があります。

自分が言われているものと想定し、各シーンを思い描いてください。時間をかけてかみしめれば、もれなくスルメのように味が出ます。
・人を誘って落とし穴を掘るダイにご近所さんが、
「君にはリーダーシップがある。その能力は、正しいことに使いなさい」
・友人から、
「ちょっとつまずいたくらいで何よ！　あなたの夢ってすごいんだから」

「なんにも知らない人から、どうこう言われたって気にすんな！　人一倍がんばってんの、私知ってるから」

・上司が部下に、
「しっかりしろ！　おまえの実力はその程度じゃない」

「ここまで努力してきたじゃない。嫌なことから逃げないで」

「おまえ、それでもプロか！」

・先生が生徒に、
「質問するのは恥じゃない。自分の知力に自信をもて」

「おまえには、さんざん手を焼かされた！　だけどな、最高にかわいかったんだ」

・野球のコーチが、エラーした選手に、
「下を向くな！　おまえはこのチームを背負って立つ選手になる」

何かこう、グッとくる、泣けてくる、胸の奥が熱くなる。それでいて、ハッとするものがある。この人が言うなら、この人のためなら、もう一度踏ん張ってみようか。そう思える。「ほめ叱り」には、そんな底知れぬパワーがあります。それはきっと、発する側の優しさや、あたたかい視点を感じるからでしょう。

ちなみにノンは犬のチャオに「せっかくの肉球だ、大事にしてよ」とクリームをすり込みます。チャオもさぞかし踏ん張りがきくでしょう、なにせ肉球ですし。
では「ほめ叱り」の練習です。

チャオ♡
せっかくの肉球
大事にしてよ♡
サンキュ!
ノンちゃん
クリーム

Q アリがエサも集めず、だらだらしています。言ってやってください

記入欄

ほめ＝

叱り＝

答え例

「君の中には、働き者DNAが組み込まれているだろう？ このままでいいのか」

「童話にもなっているくらいじゃないか！ その勤勉さを、今こそ見せてやれ」

Q ドラえもんがおなかいっぱい食べたいため、ビッグライトでどら焼き拡大。どう言いますか？

「ナイスアイディア！」と言っちゃいそうですが、「ほめ叱り」でお願いします。

記入欄

ほめ＝

叱り＝

答え例

「いい道具じゃないか。その道具が喜ぶような使い方をしたらどうだ」

「君は思いやりあふれる猫だろう。欲望を満たすだけなんて恥ずかしくないのか」

やっておわかりの通り、「ほめ叱り」は相手を知っているから言えることです。もしこれがアリやドラえもんでなく、コモドドラゴンやチビラくんだったらどうですか。ほめどころがわからないでしょう。というか、姿さえ想像つかないでしょう。

同じ歌でも、歌い手が変われば雰囲気が変わるように、言葉もだれに言われるかでまったく違ってきます。同じ「バカだな」も、いつも近くにいる人から言われるのと、通りすがりのお兄さんから言われるのとではぜんぜん違うでしょ？

自分を見ていてくれる人、目をかけてくれる人から、厳しくも愛情をもって叱られる。だから素直になれて、感謝もできて、自己肯定感が上がるのです。

あなたの子どもを一番知っているのはだれですか。まぎれもなく、あなたでしょう？　いつもそばにいるあなたでしょう？　お子さんをほめ叱るのに、あなたの右に出る者はいません。機会を見つけて、自己肯定感UP！の「ほめ叱り」、ぜひとも試してください。

ではここは、私の「ほめ叱り」でしめさせていただきます。自分史上最高の出来です、いきます！

「小さくならないで！　あなたはできる人。子育てという大きな仕事ができる人！」

怒っていいの、いけないの？

この章の最後になります。「怒っちゃいけないの？」に対する個人的見解です。いいんじゃないですか？　開き直るわけじゃありませんが、私だって怒るときもイライラするときもあります。それは、服をあちこち脱ぎっぱなしだったりとか、朝の忙しいときに「あれない、これない」が始まったりとか。何度もしてきた約束を、再度破られた日には「いい加減にせーい！」と叫びたくなります。怒らないにこしたことはありませんが、全部を全部がまんしてたらガス爆発しそうです。たまには怒っていいことにしませんか。でなきゃ母ちゃん業なんてやってられません。

で、どう怒るかです。私はこんな感じです。

1　「怒ってます」声明を出す
2　原因を告げる
3　声明解除

1 「怒ってます」声明を出す

私は怒りやイライラがわいておさまらない場合、「怒ってます声明」を出します。
「お母さんは今、怒っています」
「お母さんはイライラしてます」と。
そして、一つ間を置き「なぜだかわかる?」
察しのいいノンなら、それだけで気づくこともあります。
「あ、部屋じゅうに服を散らかしてるからだ」とか、
「朝になってから、学校にぞうきんもって行くって言ったからだ」と。
察しがつかない場合は、2にすすみます。

2 原因を告げる

何に腹が立つのか、どうしてほしいのかをはっきりさせます。そこがわからないと、子どもも対処のしようがありません。そのときは鬼の形相で、歯ぎしりしながらで構いません。ただし、ここでも「人柄と事柄」は分けてください。

「お母さんは怒ってます。部屋じゅうに散らばった服、全部まとめて捨ててしまい

たいくらいにね。今すぐ洗濯機に入れてほしいんだけど、でーきーるー⁉」

「お母さんはイライラしてます。もって行くものは、前の日に準備するって約束じゃなかった？　こんなにぎりぎりに言われても困りますっ」

耐えに耐えてからだと大噴火になるので、その手前、小噴火のうちが理想です。

なぜかと言うと、笑いが挟めるからです。

「でーきーるー⁉」で歌舞伎のように見えを切るとか、「困りますっ」でテーブルをドンとたたいて見せるなど、コミカルにね。すると「緩む」んですよ、子どもが。

今朝は、私の言い間違いで緩みました。

「ノン、あっちにもって行ったお皿ね、(「ぎくり」の顔)

洗面器に……、洗面所に……、あれ、何だっけ？(「？」の顔)

あ！　食洗機に入れてくれる？」(ぷっと吹き出し、取りに立つ)

笑いは、最高の緩みとなります。すると聞き入れ率がゴゴーッと上がります。

そうして服を片づけたら、「今度から前の日に言うね」と指切りしたら一件落着です。

3 声明解除

終わったら声明を解除します。

「ああ、きれいになった。もうお母さんは怒ってないよ」

「約束したよ。これでイライラは、おーしーまい！」と。

暴風警報も、出続けたままだと落ち着きません。わざわざ解除することで、子どもは安心しますし、あなたも切り替えやすいでしょ。

【自主練22】おもしろ顔を研究しよう

この手は、こんなときにも使えます。

子どもに問題がなくても、こっちの都合でイライラすることだってありますよね。夫とケンカしたとか、低気圧でお天気ぐずぐずとか、女性の場合は生理前とか。家族に一人でもピリピリ電波を発している人がいると、だれだっていい気はしません。子どもならなおさら。ましてそれが家であれば、逃げることも「ちょっと営業に行ってきまーす」と出ることもできません。

「もしやぼく、悪いことした？」とか、「お母さんが怒っているのは、私のせい？」など、つかわなくてもいい気をつかって疲れます。私もよく、無表情な父を気にして疲れていたもので。だから、そんなときこそ「声明」です。

「お母さんはイライラしています」。それに続けてこう言います。

「だけど、あなたのせいではありません」

すると「あ、そうなんだ」とわかって、心安らかにいられるようです。

台風なみに大荒れのときは、もうひと声つけ足します。

「今日はどうやらそういう日みたい。お母さんに、近づかないほうがいいよ〜」

するとノンとダイは警戒し、離れたところで遊びます。時々「お一つ、いかがでしょう」とせんべいを差し入れつつ、様子をうかがいに来たりします。

そうしていると、私もだんだん気が和らいできます。日本海の荒波が、凪《なぎ》に変わってきます。そしたら「ありがとう、おかげでだいぶいいよ」と解除し、終了します。するとまた、ワーッと頭からかぶさってきたりするんですけどね。その頃には、それもかわいく思えるもんです。

怒りやイライラはこうして発散させ、明日への英気を養いましょう。

第4章での仕込み

1. あの手・この手・奥の手を試す
2. 肯定言葉で話す
3. バクゼン語を具体語に
4. 叱る前に下ごしらえ
5. 言いたいことは言わせたもん勝ち
6. 「事実+要望」で叱る
7. 「どうする?」で叱る
8. プライドをくすぐる
9. がまんならないときは「怒ってます声明」を出す
10. 緩みのツボを押さえる

第5章

ほめて、認めて、ちょっと叱る

ハッピーサイクルに乗っかろう！

さてこの本も、いよいよ終わりが近づいてきました。

第1章では、「いいとこフィルタ」で、いいところを見つける目を作りました。

第2章は「ほめる」。ほめたあとに質問すると、やる気がアップすると知りました。

第3章は「認める」。何気ない承認が、どれだけ人を勇気づけるかに気づきました。

第4章は「叱る」。叱りを芯まで届けるためには、仕込みがものを言うことを学びました。

それに加え、多数の自主練もしました。よくぞここまでついてきてくださいました。感謝します。

読む前と今とで、何かしら変化はありましたか。

前より怒る回数が減った方？

イライラが少なくなった気がする～、という方？

「はい！」と答えられた方、おめでとうございます。

あなたの子育ては、いい波へ乗っています。
「ほめる」「認める」が増えると、「叱る」が減ってきます。なぜでしょう。
この章ではその理由と、それが続く秘策などをお伝えします。
一冊読破まであと一歩です！

ほめて、認めると、なぜ叱りが激減するのか？

ほめや認めが増えると、なぜ叱りが減るのでしょう。

「いいとこフィルタ」で「ほめ」「認め」が増えると、ハッピーサイクルがまわり出します。こんな感じです。

こうなると、確実に叱りが減ります。それも、こらえてこらえて噴火を抑えるのではなく、気がついたら「あら？　今日は叱らなかったわ」といった感じです。食べたいのを必死にがまんするのではなく、趣味に没頭していたら「あ、食べるの忘れてた」みたいな感覚です。

焦点をどこに合わせるか。「ほめ」か「叱り」か、「趣味」か「ダイエット」か。合わせたほうは増え、そうでないほうは忘却の彼方へ……。そんなもんです。だからほめて認めると、叱りは減るのです。**焦点は、望ましいほうにパチッと合わせましょう。**

ほめられ、認められることで、「ぼくも・私もやるな」と自己肯定感が上がります。それで寛大になり、人にも物にも優しくなります。実際「ほめて認めたら、きょうだいゲンカが少なくなって、叱る場面が減りました」との声は多いです。

私も「いいとこフィルタ」で見るようにしたら、少しずついいところが見つかるようになりました。おかげで小言のオンパレードだったごはん中も、ちょっとはマシな物言いができるようになりました。

「トマトは食べたね」

「おかわりするんだ?」

「おはしが上手になったね」

それでも見つからないときは奥の手の、「いい顔して食べるね〜!」。これを、首を振りながらしみじみ言います。そんな「いつでも言えるバージョン」をストックしておくと、いざというとき便利です。

そうやって「ほめる」「認める」を心がけるようになったら、気持ちいいんですよ。子どもも「母ちゃんがゴキゲンで助かるぜ〜」かもしれませんが、何より自分がラクです。食卓はもちろんのこと、バタバタの朝も、遅く帰った夕方も、雨の日曜日も。

「わ、洗濯物、中に入れておいてくれたんだ」と、いいところが見えてきて。

「ほ〜、靴ひもが結べるようになったのね〜」と子どもの成長も見えてきて。

そして、いいところを見つけられる自分を「私もなかなかやるね」と自画自賛したりして。

慣れないうちは「ううむ」「なんか変な感じ」と、おしりのあたりがモゾモゾするかもしれません。ですがこの気持ち良さを、一度でも味わったらしめたもの！　あとはどこまでも続けられる、いえ、続けたくなります、ランナーズハイのように。
「ほめ・認め」を意識的に増やしてください。焦点をあててください。
子どものためではありません、**何より自分が、快適です！**

家が沈んだら「ほめ・認め」強化週間

家が沈むと言っても、地盤沈下ではありません。陥没でもありません。家の雰囲気がです。

あー、家族間がぎくしゃくしてるなぁ。そう感じることはありませんか。なんか最近、子どもの顔つきが暗いなぁ。そう思うことはありませんか。もしかしたらそれは、叱る頻度が上がっているのかもしれません。もしくはあなたも、無表情や無関心になっているのかもしれません。

叱りや無視・無関心は、少なからず人に緊張をもたらします。

たまたま入った雑貨屋さんや食器屋さんが、しーんと静かすぎることがありませんか。こつこつ歩く音が店内に響きそうな。それどころか、すーぴーと鼻息まで聞こえそうな。そんな店では手に取った小物を置くにも、冷や汗かくほど気をつかいます。家が沈んでいるとき、知らず知らずあなたもそうなっているかもしれません。私もあります。ふと鏡に映った顔が目のすわったウシガエルみたいで、自分でもビクッとするときが。嫌でしょ？ そんなのがずっと横にいたら。

家が沈んだら、「ほめ・認め」強化週間としましょう。日間でも月間でも、長さは個々で決めてください。

「ほめる」「認める」を増やすと、家族との関係がするするっと良好になります。家も表情もぐーんと明るくなり、みんなが穏やかになります。

わが家でも、ものすごく平穏無事で家内安全な期間があります。いつだと思います？

私がこうして、子育て本を書いているときです。

いや実際、書くのに頭と時間をとられて（1日3時間）、子どもにあれこれかまわないというのもあるかもしれません。ですがそれ以上の要因があります。

それは、執筆期間はお試し期間でもあるからです。

原稿を書いているときは、子育てに大切なことの振り返りになります。「そうだ、認めだよね」とか、「ふんふん、こうして聞くんだったな」などなど。そうして、ノ

ンで、ダイで、それを実践・検証します。すると普段だったら、

「食べるものない！」

「失礼な！　それを言うなら『食べたいものがない』と言え！」

とケンカになるシーンが、こう変わります。

「食べるものない！」

ふむ。

ここで「そう」と聞くとどうなるか。やってみよう！

「そう」

「うん、煮た魚はちょっとね～」

お？　ソフトじゃん。これならどうだ。

「じゃ、どうする？」

「えっと～（冷蔵庫をごそごそ）。卵がある。……そうだ、チャーハン作って！」

「いいよ～ん」

お試し程度でもこの効果。積み重なったら、すごいことになると思いませんか？

家が沈んだら、最近雰囲気暗いなと思ったら、ほめと認めを増やしてください。

「おかえり」と目を見てにっこり、「わぁ、汗かいてる。がんばって歩いて来たんだね」と頭をなでなで。そうやって子どもを迎えてください。仲良し家族復活です！

続ける仕組みはコレだ！

ここまで読んできて、もうできていたものもあったでしょう。自然にやっていたこともあったでしょう、あなたなら。

それに加えて、もう一つやるとすればどれにしますか？

次の□にチェックしてください。

□「いいとこフィルタ」で見る
□見つかったいいところを伝える
□ほめたら質問する
□「できたね」を口グセにする
□「やってるね」を口グセにする
□100円ショップで数取器を買ってくる
□一日5分「そう」で聞く

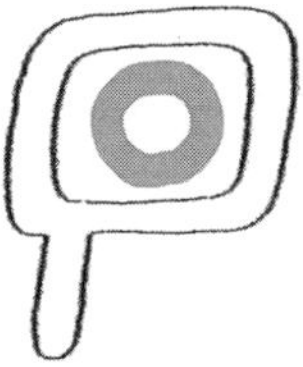

□肯定で話す
□「ほめ・認め」強化週間を設ける

えっ、「叱るが入ってない」? いいんです、焦点はそっちに合わせなくって。決まりましたか。たった一つでいいんですよ。ちっちゃな目標でいいんですよ。人間、一度にたくさんはできません。「赤上げて。白上げないで、赤下げない」を全部気にしていたら混乱します。一つひとつやりましょう。

決めたら、続けましょう。一時だけで終わったら、またもとのもくあみです。あのバトルな日々に逆戻りです。そのためにはどうしたらいいでしょう。

はい、続けられる仕組みを作ればいいんです。これまた単純です。

どんなにかたく決心しても、心がけだけでは続かない。それはダイエットと同じです。「歯みがきしながらスクワット」のように、生活に組み込みましょう。それが続ける秘訣《ひけつ》です。

そのためには**1に「宣言」、2に「対策」です。**

まずは決めたことを「宣言」します。

「私は今日から一週間、ほめて認めます！」でも、「これから5分『そう』と聞きます！」でもいい、とにかく声に出して言ってください。家族にでも子どもにでも、神にでも鏡にでも、何に向かってでもいいです。

はい、どうぞ。しましたか。したなら次にすすんでください。

次は、「対策」です。

いったん誓っても、忘れることがあります。私なんかしょっちゅうです。

その対策として、いくつか手があります。

・宣言したことを紙に書き、よく目にするところに貼っておく
・それを写真に撮って、パソコンやスマホの待ち受けにする
・声が録音できる目覚ましに「今日もほめて認めるぞ！」とかなんとか吹き込む

こうしておくと、見るたび聞くたび「あ、そういえば」と思い出せます。

そして一番いいのは、**子どもと約束する**ことです！

これは本当に効きます。約束できる類いのものは、迷わず約束してください。そう

して最後に言うのです、「忘れてたら教えてね」と。

私はこれで毎晩の「今日のいいとこ探し」が定着しました。

「お母さんは毎日寝る前に、ノンとダイのいいところを言うからね。忘れてたら教えてね」

すると「お母さん、忘れてるよ〜」と請求してきます。子どもって、しつこいですから（笑）。こちらも、餅つきは好きでもウソつきはごめんです。おかげでいつしか習慣となりました。

1に「宣言」、2に「対策」。これであなたも「続く人」です。

第5章での仕込み

1 ほめと認めに焦点をあてる

2 沈んだら「ほめ・認め」を強化する

3 続ける仕組みを作る

4 やることを宣言する

5 子どもと約束する

エピローグ

この原稿を書いている今も、階下からはサロンで遊ぶ子どもたちの声が響いてきます。どうやら今日は、ハンバーガー屋さんごっこをしているようです。

「いらっしゃいませ、何にしますか？」

「ええっと〜。てりやきバーガーください」

「てりやきバーガーですね。金はあるか？」（強気！）

「それからポテトも」（スルーか！）

子どもたちのやりとりを聞いていて、つくづく思うことがあります。

それは、アウトプットできるのは、インプットしたものだけなんだ、ということです。子育ての知識と一緒ですね。

子どもの口からこぼれ落ちるのは、店員さんからであれ、家族からであれ、いつか耳にしたものだけです。表に出る言葉もやはり、自分の中に取り込んだものだけです。「金はあるか」はだれが言ったか知りませんが。

言葉の貯金は、「つ」がつくうちが適齢期と言われます。

「つ」とは、一つ、二つ……の「つ」のことです。その頃まで脳はどんどん成長し、10歳でほぼ完成、大人と同じくらいになるそうです。その間にいい言葉を、ほめを、認めを、肯定言葉を、シャワーのように浴びせてください。それがいい会話を、ひいてはいい思考回路やいい人生を作ります。

そうして「つ」とサヨナラする頃、子どもに変化が訪れます。自分を客観的に見られるようになってきます。

親の言うことすべてを信じていたのが、批判的になるのもこの頃です。

「生きものは大切にって言っといて、水路のドジョウとって食べるってどうよ」とか。

「ゴミはゴミ箱だよ」に「うん」と従っていたダイが、「だれが決めたのさ、そんなこと。何時何分何秒?」なんて口をきき出したのもこの頃でした。

ですから子どもをしつけるにも、そうなる前、つまりは「つ」がつくうちがダンゼンやりやすいです（経験者談）。

もしあなたが、「今までできてなかったな」「怒ってばっかりだったな」と思ってい

ても、落ち込みは不要です。それはそれでヨシとしてください。練習したでしょ、
「いいとこフィルタ」。その目は自分にも向けてください。
人は皆、そのときそのときで、最善のものを選び取ります。
あなたもそのときそのときを、精いっぱいやってきたはずです。
がんばりましたね。
自分一人生きるのだって大変なのに、こんな小さな命を守って。
だからいいんです。今までのことはオールＯＫです。
もう、仕込みはすみました。
この先にあるのは、１００パーセント「未来」です。
１００パーセント「これから」です。
すべて、今から。すべて、あなたが選び取れます。
ここから何をチョイスしますか。
ここから、どれを試しますか。

最後に一つだけ言わせてください。

「さあ、どうする？」

この本の制作に携わってくださったすべての方へ、
この場を借りて御礼申し上げます。

２０１４年１月　若松亜紀

著者紹介

若松亜紀（わかまつ・あき）

親子の集いの場「陽だまりサロン」オーナー。秋田大学教育学部卒業後、私立の幼稚園に7年間勤務。閉園により退職。その後、出産、子育てを経て2005年、自宅に子育てサロンをオープン。運営のかたわら、子育て、コーチング、コミュニケーションの講座やセミナー、執筆などを行なう。
著書に『子どもが輝く幸せな子育て』（ほんの木）、『もう怒らない！　これだけで子どもが変わる魔法の“ひと言”』（学陽書房）、『もう怒らない子育て』（PHP研究所）などがある。

ブログ「陽だまり日記」http://yaplog.jp/hi-damari/

3歳からは、ほめて、認めて、ちょっと叱る
愛情を子どもの心に届ける子育て

2014年4月17日　第1版第1刷発行
2018年1月9日　第1版第12刷発行

著　者　若松亜紀
発行者　安藤 卓
発行所　株式会社PHP研究所
京都本部　〒601-8411　京都市南区西九条北ノ内町11
〔内容のお問い合わせは〕教育出版部　☎075-681-8732
〔購入のお問い合わせは〕普及グループ　☎075-681-8818
印刷所　凸版印刷株式会社

ISBN978-4-569-81374-5